W0236515

Kulinarische Köstlichkeiten

Ostern

Barbara Rias-Bucher

Kulinarische Köstlichkeiten

Ostern

Mit 60 Rezepten,
exklusiv fotografiert
für dieses Buch
von
Hans Joachim Döbbelin

SIGLOCH
EDITION

INHALT

Liebe Leserinnen und Leser,

Ostern ist ein Fest der Kinder, genau wie Weihnachten. Deshalb berichte ich in diesem Buch von Osterhasen und Eierspielen. Ich sage Ihnen, wie Sie und Ihre Kinder Ostereier mit selbstgemachten Farben bunt kriegen – das macht soviel Spaß wie Plätzchenbacken.

Doch Ostern ist auch ein Fest der Erwachsenen. Vielleicht, weil der Streß mit Vorbereitung, Geschenkekaufen und Essenkochen nicht so groß ist wie an Weihnachten. Wir kommen mehr zum Nachdenken – was die Ostergeschichte eigentlich bedeutet, wie wir Osterbräuche verstehen können.

Ich habe vieles gesammelt über Fasten- und Osterzeit, über typische Speisen, über Eier im besonderen und Ostereier im speziellen. Ich habe mich mit der Palmweihe in Süddeutschland und Ostern in Griechenland beschäftigt.

Und natürlich habe ich gesammelt und ganz genau aufgeschrieben, was sonst noch zu Fastenzeit und Ostern gehört: Essen!

Sie finden über sechzig Rezepte aus alten und neuen Küchen, versehen mit Tips und Geschichten, damit Sie auch wissen, wo die Gerichte ihren Ursprung haben.

Viel Spaß beim Schmökern, Eierfärben, Tischdecken, Kochen und Essen wünscht Ihnen

Barbara Rias-Bucher

Beim gemeinsamen Osterfrühstück dürfen Sie einen Teil der Dekoration mitessen: Das Rezept für die Eiernestchen steht auf Seite 128.

Mit der Fastenzeit begann früher das neue Wirtschafts-jahr. Geldbeutelwaschen am Aschermittwoch – hier ein Bild aus Bräunlingen bei Donaueschingen – erinnert noch daran. So wie sich das Fischessen am Aschermittwoch aus dem gemeinsamen Mahl der Ratsherren entwickelt hat.

Fastenbräuche

Als ich noch klein war, nahm mich meine Mutter am Ascher-mittwoch mit zur Kirche. Vorne am Altar knieten wir mit den anderen nieder. Der Priester ging die Reihe entlang und zeichnete jedem von uns das Aschenkreuz auf die Stirne. Mich hat das tief beeindruckt. Ob man als Kind schon den kurzen Hauch von Ver-gänglichkeit, von Leben und Tod spüren kann? Ich weiß es nicht. Sowenig wie ich damals wußte, was das kleine Kreuz eigentlich bedeutet. Jetzt habe ich es nach-gelesen: Die Asche stammt vom letzten Osterfeuer, das Holz dafür von Palmweiden, in südlichen Breiten meist vom Olivenbaum. Der Baum ist Sinnbild für den Menschen – übrigens nicht nur in der Bibel, sondern auch in asiatischen und australischen Kulturen, wo Bäume als Ahnen der Menschen gelten. Wir kennen noch immer den Brauch, bei der Geburt eines Kindes einen Baum zu pflanzen.

Die Asche des Baumes zeigt, daß wir den „alten Adam", den sündi-gen, in uns vernichten müssen. Das Kreuz, das der Priester aus der Asche formt, ist Zeichen für den „neuen" Menschen, der mit Christi Hilfe für sein Seelenheil sorgt.

Mir persönlich ist diese christliche Deutung ein bißchen zu streng, und ich glaube auch nicht an den sündigen Menschen. Aber ich bin mir ziemlich sicher, daß man sich sein ganzes Leben hindurch ver-ändern sollte. Wie heißt es doch – ganz weltlich – bei Bertolt Brecht? „Ein Mann, der Herrn K. lange nicht gesehen hatte, begrüßte ihn mit den Worten: ‚Sie haben sich überhaupt nicht verändert.' – ‚Oh!', sagte Herr K. und erbleichte." Übrigens gibt es eine Menge von Fastenbräuchen, die uns Besin-nung und Besserung nahelegen. Wie zum Beispiel Scheibenschla-gen, das noch heute am Funken-sonntag, dem ersten Sonntag nach Aschermittwoch veranstal-tet wird. Als ich Anfang der 70er Jahre in Freiburg studiert habe, konnte ich es selbst mal beobach-ten. Aber das ist so lange her, daß ich Ihnen lieber erzähle, was der Volkskundler Dietz-Rüdiger Moser darüber berichtet: Zuerst schneiden junge Männer Holz-bretter von 10 bis 15 Zentimetern Seitenlänge. In die Mitte kommt ein Loch, damit man die Bretter auf lange Stangen stecken kann. Außerdem sammeln sie Holz für das Funkenfeuer und verfassen gemeinsam Lob- oder Spottverse. Denn jede dieser Scheiben ist

mitsamt dem Vers für eine Person oder Gruppe bestimmt, die man ehren, verspotten oder zurechtweisen will.

In Kirchzarten trifft man sich am Samstag- oder Sonntagabend auf dem Giersberg, hört zunächst die Andacht in der Bergkapelle und zieht anschließend zum bereits lodernden Holzstoß, dem Funkenfeuer. Die Scheiben hält man mit Hilfe der Stangen so lange in ein kleineres Feuer, bis sie glühen und an den Rändern brennen. Jetzt schlägt man die Stangen mit Schwung gegen ein Brett, so daß sich die Scheiben lösen und weit ins Tal fliegen. Bei jeder Scheibe spricht man den entsprechenden Vers, und obwohl selten der volle

Name genannt wird, weiß doch jeder, wer gemeint ist.

Was der Brauch eigentlich bedeuten soll, erklärt sich aus dem Wort: „Scheibe" wurde im Mittelalter auch mit dem Schicksals- oder Glücksrad in Verbindung gebracht. Und wie die Scheibe aufsteigt und zu Boden fällt, so hängt der Mensch ständig zwischen Glück und Unglück, Tugend und Sünde, Leben und Tod. Daß man sie im Feuer zum Glühen bringt, kann man wie das Aschenkreuz mit der Verwandlung in den neuen Menschen deuten. Der Grund mag aber auch sehr simpel sein: Zündeln macht uns bekanntlich schon Spaß, wenn wir kaum laufen

Auch die Narren von Bad Buchau am Federsee ziehen sich in der Nacht zum Aschermittwoch zurück. Vater Federsee im Hintergrund trägt die vierzackige Herrschergabel, der Moorochs ganz rechts stellt die Rohrdommel dar, deren dumpfer Ruf wie das Gebrüll eines Ochsen klingt. Riedmeckeler hinter dem Moorochs ist die Verkörperung des Torfstechers. Weller (links) erinnert an den Fastenfisch, die Seerose (Mitte) an die Blumen des naturgeschützten Sees und der Galgenvogel vorn an Hochgericht und Tod.

können, und bevor der Mensch das erste Feuerwerk zu zünden verstand, mußte er sich mit dem Funkenflug begnügen.

Scheibenschlagen ist ein sehr alter Brauch. Eines dieser glühenden Holzbretter hat nämlich am 21. März 1090 das hessische Kloster Lorsch in Brand gesetzt. Der Chronist berichtet, daß dabei die Kirche, die meisten der Klostergebäude und viele Schätze vernichtet wurden.

Todaustragen oder Winteraustreiben heißt ein anderer Brauch an Lätare, dem vierten Sonntag in der Fastenzeit. Der früheste Bericht stammt aus dem Jahr 1366: „Zu Mittfasten tragen sie Bildnisse in Gestalt des Todes unter Gesängen und abergläubischen Riten durch die Stadt zum Fluß und versenken sie dort mit Eifer, zur eigenen Schande behauptend, der Tod dürfe ihnen ferner nicht mehr schaden." Der Kleriker, der dies aufgeschrieben hat, ist offensichtlich verärgert – schließlich war für Riten und Gesänge nur die Kirche zuständig. Und Macht über den Tod hatte Gott allein.

Ein Holzschnitt des 17. Jahrhunderts zeigt den Streit zwischen einem alten Mann, dem Winter, und einer jungen Frau, die den Sommer darstellt. Den Brauch gibt es auch heute noch in verschiedenen Gegenden. Mal rangeln als Winter und Sommer verkleidete Kinder miteinander. Mal wird wieder gezündelt, und der Winter in Gestalt einer Strohpuppe geht in Flammen auf.

Fastenzeiten

Fasten gehört für uns zum Frühling. Wir folgen dem Ruf von Frauenzeitschriften, Tageszeitungen oder Gesundheitsgurus und tun Buße für unsere Ernährungssünden. Wir kasteien uns, um endlich Aufnahme in den Club der Schlanken und Schönen zu finden, der uns Belohnung durch langes Leben verheißt.

Nur: Was wir für modern und vernünftig halten, hat seine Wurzeln in Vorstellungen, Wünschen und Sehnsüchten, denen Zeit und Raum nicht viel anhaben konnten. Früher glaubten die Menschen, beim Essen und Trinken seien Dämonen am Werk. Schließlich gab so mancher Prominente den Geist beim Gastmahl auf, weil er dem bösen Nachbarn nicht gefiel und deshalb mit dem Wein auch ein Quentchen Gift verschluckte. Verdorbene Lebensmittel kosteten Mann und Frau aus dem Volke das Leben. Bevor es Bestimmungs-

Nach 40 Tagen und Nächten mit Fasten und Meditation auf dem Sinai bekam Moses die Tafeln des Neuen Bundes: Gemälde von Marc Chagall (1887–1985)

Gründonnerstags-Prozession in Marsala auf Sizilien: die Büßerin Maria Magdalena mit dem Salbenkännchen. Bei den Umzügen wird das gesamte Geschehen der Karwoche dargestellt – vom Einzug Jesu in Jerusalem bis zur Grablegung.

bücher für wilde Kräuter, Beeren und Pilze gab, waren Opfer zu beklagen, die den bewußten oder versehentlichen Selbstversuch nicht überlebt hatten. Auf Brunnenvergiftung stand die Todesstrafe. Und den Menschen im Rausch haben Dichter beschrieben, Musiker besungen, Puritaner verdammt, Richter bestraft und Ärzte behandelt. Aber so ganz klar ist uns noch heute nicht, was der Alkohol eigentlich mit uns anstellt.

Fasten half gegen das Übel. Denn man schlug zwei Fliegen mit einer Klappe: Die bösen Geister trieb man aus, die guten holte man herbei. Beispiele für diese Überzeugung haben Völkerkundler und Historiker gesammelt: Indianische Jugendliche hungerten, um im Traum ihrem Schutzgeist zu begegnen, der sie künftig in der Welt der Erwachsenen begleiten sollte. Schamanen und Medizinmänner fasteten, um sich magische Kräfte anzueignen. Dann erst hörten die Götter das Gebet um Regen, die Bitte um Beistand im Kampf. Der Jäger hat gefastet, als die Jagd noch ein lebensgefährliches Unternehmen zur Sicherung des Überlebens war. Der Priester hat gefastet, damit sein Körper rein war und

die Götter sein Opfer annahmen. Denn das gelungene Opfer entschied über Wohl und Wehe des Stammes – und vermutlich auch über das des Priesters.

Ist das alles tatsächlich so weit weg von uns aufgeklärten Menschen? Oder entschlacken wir den Körper nicht alle Jahre wieder, damit der moderne Schutzgeist „Fitneß" Einzug darin hält? „Schlacken" wie bei der Verbrennung von Kohle gibt es in unserem Körper überhaupt nicht. Trotzdem glauben wir daran und lassen uns von selbsternannten Experten ein schlechtes Gewissen einreden, wenn wir beim Essen „über die Stränge schlagen". Und sprechen wir nicht alle mal vom „sündigen", wenn wir viel Gutes mit großem Genuß gegessen haben.

Fasten reinigt – auch von Schuld. Das Alte Testament erzählt vom Fasten am jüdischen Versöhnungstag. Geld, das der Gläubige dabei einspart, gibt er den Armen. Bei uns ist die Spendenbereitschaft vor Weihnachten und vor Ostern besonders groß, und nicht nur gläubige Christen tragen ihr Scherflein zur Linderung des Elends bei. Wir richten uns nach uralter Überlieferung – auch wenn wir sie gar nicht mehr erinnern.

Jeder, der schon mal freiwillig gefastet hat, weiß, wie gut es einem dabei geht. Der Stoffwechsel schaltet auf Sparflamme, der Körper wird überflüssiges Wasser und damit auch ein paar Schadstoffe los. Verdauen kostet Energie – bekanntlich sind wir nach reichlichem Essen müde. Beim Fasten bleibt uns diese Energie für andere körperliche und geistige Tätigkeiten: Manche gehen nach draußen in die Natur, andere nach innen in die Meditation, viele tun beides. Durch bestimmte, sehr komplizierte Vorgänge im Gehirn wird man beim Fasten übrigens auch fröhlich – vielleicht sogar ein bißchen „high". Jedenfalls fühlen wir uns freier und leichter, können uns besser konzentrieren und nehmen Eindrücke stärker auf. Im Idealfall sind Verstand und Sinne, Bewußtsein und Phantasie geschärft – auch für neue, große und wichtige Aufgaben.

Diese Erfahrung machten sich die Menschen immer zunutze: Könige fasteten vor ihrer Krönung, junge Männer vor der Zeremonie zu Schwertleite und Ritterschlag. Angehende Priester fasten vor der Weihe. Und alle großen Religionsstifter verzichteten etwa 40 Tage auf Nahrung, bevor sie ihren großen Auftrag erfüllen konnten: Buddha fastete unter einem Feigenbaum; einen Ableger dieses ersten heiligen Boddhi-Baumes können Sie in der alten ceylonesischen Königsstadt

Abendmahlszene beim Oberammergauer Passionsspiel im Jahr 1990. Die Spiele um Leiden, Tod und Auferstehung entwickelten sich seit dem 10. Jahrhundert aus der Osterliturgie. Zuerst hat man nur in der Kirche gespielt, dann auf den Marktplätzen. Im 19. Jahrhundert baute man Festspielhäuser mit richtigen Bühnen.

Wenn die Schneeglöckchen es erst mal geschafft haben, dräut der Winter nicht mehr allzulang.

Anuradhapura besichtigen. Moses ging 40 Tage und Nächte auf den Sinai, bevor er die Gesetzestafeln von Gott bekam. Mohammed zog sich auf den Berg Hira zurück und fastete ebenfalls 40 Tage und Nächte, bis ihm in der „Nacht der Macht" der Koran offenbart wurde. Jesus fastete in der Wüste, um sich auf seine Mission vorzubereiten.

In jeder Kultur, jeder Religion fasten die Menschen, weil sie Freude oder Schuld spüren, Strafe abwenden oder Buße tun wollen, weil sie einen neuen Lebensabschnitt oder eine große Aufgabe beginnen wollen. Doch sie verzichten auch aus Leid und Trauer auf Nahrung.

Früher, als das Christentum noch jung war, bereiteten sich die Leute mit Fasten übrigens nicht auf das Osterfest selbst, sondern auf die Taufe der neuen Christen vor, die meist zu Ostern stattfand. Alle „Taufbewerber" hungerten einen oder zwei Tage, um Körper und Geist zu reinigen. Die anderen Christen leisteten ihnen dabei Gesellschaft.

Bekanntlich hatte die neue Religion einen großen Erfolg. Nicht nur Erwachsene kamen zur Taufe. Immer mehr Christen-Eltern brachten ihre neugeborenen

Kinder. Natürlich erwartete kein Mensch von einem Säugling Enthaltsamkeit vor der Taufe, und so nannte die Kirche einen anderen Grund zum Fasten: die Trauer über Christi Tod. Aus den ursprünglich zwei Fastentagen wurden zuerst sechs, dann, etwa Mitte des 4. Jahrhunderts, vierzig. Mit dem Zählen begann man ursprünglich am Montag nach Fasnacht. Demnach war die Fastenzeit am Karsamstag zu Ende. Doch diese Rechnung gefiel den Theologen nicht: Fünf von den vierzig Tagen waren Sonntage. Und die konnte man schlecht zu Trauertagen erklären, gedachte man sonntags doch der Auferstehung Christi!

Eine Verlängerung der Fastenzeit um diese Sonntage wiederum gefiel den Gläubigen nicht: Sechs Wochen Enthaltsamkeit beim Essen, Trinken und Lieben reichten den Leuten vollauf!

Gottes Mühlen mahlen langsam, die der Kirche auch, und so vergingen einige Jahrhunderte, bis das Problem gelöst war. Papst Gregor II. setzte als Kompromiß vier weitere Fastentage durch. Das war zu Anfang des 8. Jahrhunderts. Seitdem beginnen wir die Fastenzeit am Aschermittwoch.

An manchem der 40 Fastentage vor Ostern begreifen wir vielleicht die schreckliche Angst des jungen Mannes, der sein Leben geben wollte, um die Menschen zu erlösen. Damit wir uns auch die grandiose Überwindung von Sterben und Tod vorstellen können, die das christliche Osterfest symbolisiert.

Fastenspeisen

Wenn ich das Wort „Fastenspeise" höre, läuft mir das Wasser im Mund zusammen. Vor meinem geistigen Auge türmen sich Berge von Gemüse und frischem Salat, Klößen und Nudeln, neuen Kartoffeln und knusprigem Brot. Fische kommen hinzu, Mehlspeisen, Kräuter und Obst.

So mancher fromme Mann sah das ganz anders: Hilarion, ein Einsiedler des 4. Jahrhunderts, wollte zuerst von Brot mit Salz und Wasser leben, stieg dann auf wilde Kräuter und rohe Wurzeln um und landete schließlich bei Gerstenbrot und halbgarem Gemüse. Die Kost bekam ihm nicht: Hilarion litt an Flechten. Da reicherte er das Essen mit Öl an, genas und konnte weiter fasten – bis zu seinem seligen Ende.

Nicht ganz so karg ging's bei den ersten Mönchsorden zu: Außer Brot, Salz, Wasser und Öl standen noch Hülsenfrüchte, Kräuter, Gemüse, Früchte, getrocknete Beeren, Nüsse, Datteln und Feigen auf dem Speisezettel.

Winteraustreiben geht meist mit lodernden Flammen einher. Darin steckt alles Mögliche: Freude über den Frühlingsbeginn, Reinigungsritual – gewissermaßen ein hochdramatischer Frühjahrsputz – und Haß auf den Winter. Verständlich, denn bevor unsere Häuser so warm und kuschelig waren, hat der grimmige alte Mann jedes Jahr eine ganze Menge Leute ins Grab gebracht.

Viele Legenden spinnen sich um Fastengebote und deren Übertretung. Hans Holbein der Ältere hielt das Fischwunder in seinem Gemälde fest. Als der Augsburger Bischof, der Heilige Ulrich, einem Boten des bayerischen Herzogs, der ihm spät in der Nacht von Donnerstag auf Freitag ein Schreiben überbrachte, zur Belohnung ein Stück Gänsebraten gab, beschuldigte der Bote am anderen Tag den Augsburger Bischof beim Herzog, er habe das Freitags-Fastengebot übertreten. Als er zum Beweis den Braten vorzeigen wollte, sei das Fleisch in Fisch verwandelt gewesen.

Für die Gläubigen galten diese strengen Gebote nie. Bürger und Bauer, Adliger und Patrizier, König und Kaiser durften genau das essen, was ich mir unter Fastenspeise vorstelle. Und sogar noch ein paar Lebensmittel mehr, auf die ich gerne verzichte: Fischotter und Biber, Schnecken, Frösche und Schildkröten.

Festlich fasten
Natürlich war das Essen umso erlesener, je höher der gesellschaftliche Rang: 1248 lud König Ludwig IX. von Frankreich zum Fastenessen. Der Franziskanerpater und Geschichtsschreiber Salimbene de Adam, Patrizier aus Parma, nahm teil und berichtete davon: „Wir bekamen zuerst Kirschen und ganz weißes Brot. Auch wurde reichlich Wein von ausgezeichneter Qualität serviert, wie es königlicher Pracht ziemte. Dann bekamen wir junge Bohnen in Milch gekocht, Fische und Krebse, Aalpasteten, Reis mit Mandelmilch und gestoßenem Zimt, gebratene Aale in einer vorzüglichen Sauce, Torten und weißen Käse." Als Abschluß gab es Obst.
Im Vergleich zu den ausführlichen Menüplänen späterer Zeiten

ist Salimbenes Schilderung recht ungenau. Damals sprach man in der guten Gesellschaft vom Dichten und vom Kämpfen, von Liebeskunst und Falkenjagd. Vom Essen sprach man nicht – das war unfein. Erst hundert Jahre später änderte sich das: Das erste Buch über gesundes Leben, Essen und Kochen erschien. Andere folgten, die kulinarische Geschichte konnte geschrieben werden. Doch wenn wir das königliche Fastenmahl des Mittelalters mit einem bürgerlichen Festessen vergleichen, serviert in der Fastenzeit des Jahres 1880, erfahren wir von Salimbene etwas sehr Wichtiges: Die Fastenküche ist im Lauf von ein paar hundert Jahren erstaunlich gleich geblieben. Im Bürgerhaus gab es zuerst Kräutersuppe, danach Muscheln in Wein, gefolgt von Froschfrikassée in Zitronensauce, pochiertem Hecht mit Meerrettich, Bläßhühnern mit brauner Sauce und Krebsen. Als Abschluß kamen Pudding mit Weinschaumsauce, Torten und Obst auf den Tisch. An Getränken standen Wein, Bier und Kaffee bereit.
Üppig, nicht wahr? Aber genau wie das Essen von 1248 ganz in Einklang mit den kirchlichen Fastengeboten. Fleisch von „vierfüßigen

Auch frugale Genüsse können üppig und verschwenderisch sein, so jedenfalls hat sie Vincenzo Campi in seinem Bild „Die Obstverkäuferin" dargestellt. Als Fastenspeise waren Früchte immer erlaubt.

Tieren" bekamen weder König noch Bürger, denn es war während der Fastenzeit vor Ostern und an allen anderen Fasttagen verboten – bis heute übrigens. Bläßhühner dagegen durfte man essen: Alle Wasservögel, von denen man wußte oder (gerne!) annahm, daß sie sich nur von Fischen ernähren, galten als Fastenspeisen. Wildenten und Wildgänse wiederum waren verboten. Jahrhundertelange Übereinstimmung auch bei den Getränken: Während der Fastenzeit war erlaubt, was den Durst stillte und die Verdauung förderte, also Wasser, Wein und Bier. Wein galt als Stärkungsmittel und Medizin, die

allen Menschen zugänglich sein sollte. Leichter Wein, gewürzt mit Salbei, Fenchel oder Minze, war regelrecht „Gesundheitstrank". Noch Ende des 18. Jahrhunderts empfahl man Wein für die arme Bevölkerung, weil er den Typhus eindämmen half. Kaffee trinken der König und seine Gäste natürlich noch nicht, denn der kommt erst um 1600 nach Europa. Erlaubt wäre er gewesen, genau wie Tee. Auch Kakao übrigens, falls er nicht mit Milch zubereitet ist: „Nach gewöhnlicher Ansicht ist indeß der einmalige Genuß von einer kleinern Quantität Chocolade, welche mit Wasser gekocht ist,

außer der Mahlzeit erlaubt",
heißt es in einem Kirchenlexikon
aus dem Jahre 1886.

Butterbriefe aus Rom

Die Fastengebote, die der französische König und der unbekannte
Bürger befolgten, haben bis nach
dem Ersten Weltkrieg gegolten.
Heute sollen wir ja nur auf
Fleisch verzichten. Milch, Eier
und tierische Fette dagegen
dürfen wir essen. Bis zum Jahre
1918 aber war während der
Fastenzeit vor Ostern alles verboten, was von Warmblütern
stammte, egal ob die Tiere auf
zwei oder vier Füßen daher-
kamen: Fleisch und Speck, Eier
und Quark, Butter und Butterschmalz, Milch und Käse.
Nur: Mit so strengen Geboten
gab's immer Probleme. Im kalten
Norden, wo keine Olivenbäume
wuchsen, bekam man sein Fett
nun mal mit Butter, Speck und
Schmalz. Außerdem überstanden
die Leute den eisigen Winter und
das karge Frühjahr nur mit einem
ausreichenden Vorrat an Fett –
auf den Rippen und in der Speise-
kammer. In einer rauhen Gebirgs-
region, wo die Seen rar, die Flüsse kalt und die Fischteiche für
den Eigenbedarf des Grundherrn
angelegt waren, brauchte das

„einfache Volk" ganz dringend
Milch und Käse als Eiweißquelle.
Und diejenigen, die das ganze
Jahr über fleischlos lebten, weil
es nicht einmal für die Speckschwarte oder die Kutteln
reichte, kümmerten sich gewiß
nicht um die Fastenzeit, wenn
sie mal ein paar Eier ergattern
konnten.
Trotzdem hatten die Leute
Gewissensbisse, wenn sie die
Gebote stillschweigend über-
traten. Deshalb wandten sie sich
an den Papst: Die Bewohner von
Luzern schrieben im Jahre 1455
an Papst Kalixt III., in ihrer
Heimat gedeihe kein Wein, keine
Oliven und kaum Getreide. Deshalb möge ihnen der Heilige
Vater „für alle Zeiten" erlauben,
an den Fasttagen Butter, Milch
und alle Speisen zu essen, die mit
Milch zubereitet werden – also
vor allem Suppe, Brei und
Gebäck.
Auch andere Städte, Klöster, Pfar-
reien, Fürsten baten für Bürger
und Untertanen um Milderung
der Vorschriften. Fast immer er-
füllte Rom die Bitten – schriftlich
bestätigt in einem „Butterbrief".
Nur Käse und Eier blieben meist
verboten. Erst mit der Reformation lockerten sich die Gebote
weiter. Calvin zum Beispiel

*Fastenzeit bedeutete einst
Enthaltsamkeit in jeder
Hinsicht. Ob sich das
Liebespaar, dargestellt in
der Manesseschen Hand-
schrift, daran hielt?*

geißelte die Regeln, die den Armen das Fleisch verboten, während die Reichen eine erlesene Fastenküche genossen. Luther empfahl reichliches Essen und Trinken als äußerst wirksames Mittel gegen Glaubenszweifel und geistliche Schwermut. Ganz augenscheinlich hat vor allem er selbst seine eigenen gutgemeinten Ratschläge streng befolgt.

Oft waren die Menschen mit dem Fasten ohne Fleisch nicht ganz zufrieden und dachten sich viele Tricks und Finten aus, um sich durchzumogeln. Wenn man einer Legende glauben darf, dann ist die schwäbische Maultasche während des Dreißigjährigen Krieges im Maulbronner Kloster entstanden. Dort sollen die Mönche einmal unverhofft ein großes Stück Fleisch erhalten haben. Aber leider war gerade Fastenzeit. Um den lieben Gott zu täuschen, zerhackten sie das Fleisch und versteckten es in einer Teighülle. Offensichtlich hat der liebe Gott keinen Anstoß genommen.

Fisch – die typische Fastenspeise

Er galt zuerst als üppige Mahlzeit und war deshalb verpönt. Fromme Männer zur Zeit des frühen Christentums verschmähten sogar die beliebte Fischtunke der alten Römer, eine Speisewürze, die vermutlich ähnlich wie die Fischsauce geschmeckt hat, die wir aus der asiatischen Küche kennen.

Doch die Kirchenväter waren anderer Meinung: Fische erhitzen „keinesfalls den Organismus so sehr" wie Landtiere. Schließlich unterscheiden sie sich von den übrigen Tieren, weil Gott sie aus dem Wasser geschaffen hat. Im übrigen habe der Fluch der göttlichen Gerechtigkeit nur die Erde und nicht die Gewässer getroffen. Deshalb symbolisiere Fisch die Reinheit und nicht – wie das übrige Fleisch – die Begierde. Er muß den Gläubigen also erlaubt sein. Eine sehr vernünftige Entscheidung! Bei der oft dürftigen Kost früherer Zeiten hätten es sich die Menschen gar nicht erlauben können, etwa ein Drittel des Jahres auf ein so nahrhaftes Lebensmittel zu verzichten. Und ein preiswertes obendrein, denn selbst Delikatessen wie Krebse, Austern und Lachs waren früher auch für arme Stadtbewohner erschwinglich: Ein Kupferstich des 17. Jahrhunderts zeigt einen Austernverkäufer als Straßenhändler, mit Messer am Gürtel und Essigfläschchen in der Hand.

PALMSONNTAG

Kunstvoll geflochtene Palmwedel, die am Palmsonntag zur Erinnerung an den Einzug Christi in Jerusalem geweiht werden. Da sie Schaden abwehren und Segen bringen sollen, bindet man sie in vielen Gegenden ans Haus.

„Am Tag darauf hörte die Volksmenge, die sich zum Fest eingefunden hatte, Jesus komme nach Jerusalem. Da nahmen sie Palmzweige, zogen hinaus, um ihn zu empfangen . . ."

So steht es im Evangelium nach Johannes. Matthäus, Markus und Lukas fügen Details hinzu: daß Jesus auf einer Eselin ritt, daß die Jünger und viele andere ihre Kleider vor ihm auf der Straße ausbreiteten.

So ähnlich feiern wir am Palmsonntag den Einzug in Jerusalem noch heute – übrigens seit der Frühzeit des Christentums in ziemlich ungebrochener Tradition. Sie können das beobachten, wenn Sie den Palmsonntag in einer Kleinstadt oder einem Dorf erleben, sagen wir im bayerischen Voralpenland, im Badischen, in der Schweiz, in Tirol oder in Sizilien. Natürlich unterscheiden sich die einzelnen Umzüge voneinander – manche bieten dramatischen Pomp und historische Kostüme. Andere sind bunt, üppig und ein bißchen kitschig wie eine bayerische Barockkirche. Aber alle sind ungeheuer eindrucksvoll. Vielleicht, weil Palmsonntag immer ein Fest der Bauern und Handwerker war. Und weil sich bis heute nichts

geändert hat. Gewiß, Honoratioren sind dabei; früher zogen auch Kaiser und Könige, hohe weltliche und geistliche Fürsten der Christusfigur auf dem hölzernen Esel entgegen.

Einige dieser „Palmesel" stehen heute in Museen, die meisten aber sind dem Bildersturm der Reformation und Aufklärung zum Opfer gefallen. Denn die Protestanten mochten die vielen frommen Bilder und Reliquien nicht, mit denen die katholische Kirche ihre Schäflein erfreute. Den Aufklärern ging es ebenso, und sie wetterten gegen die „Volksverdummung", wie wir heute sagen würden. Manche ihrer Anhänger brachten das Licht der Vernunft ziemlich handgreiflich zum Leuchten. So kam es, daß man die Palmesel in Stücke hackte, in Flüsse warf, den Kindern zum Spielen schenkte oder auf den Dachboden zum Krempel stellte. Letzteres hat uns einige dieser Beispiele religiöser Volkskunst erhalten.

Heute sehnt man sich nach mehr „Vergangenheit". Deshalb gibt es auch wieder Palmesel und Palmweihe. Die Vorbereitungen beginnen schon am Donnerstag vor Palmsonntag mit dem Binden der Palmbuschen: Abgeschälte

Stämme junger Fichten oder Tannen werden mit bunten Bändern oder Kreppapier umwickelt. Als „Krone" fertigt man nun kunstvolle Gebilde – Kugeln aus Stechpalmenzweigen. Außerdem werden diese Stangen mit Kränzen aus Frühlingsblumen, Sträußen aus Palmkätzchen, Buchsbaum- und Haselnußzweigen, Rundbögen aus bunten Papiergirlanden und mit Schleifen geschmückt. Hinzu kommen Kreuze als Symbol für die Dreifaltigkeit, Hammer, Nagel, Miniaturleiter und -lanze als Hinweis auf das Leiden Christi. Auch Ysop ist dabei – ein Busch mit schmalen grünen Blättern und kleinen Blüten, deren Farbe zwischen Rot und Blau liegt. Früher wuchs er in jedem Kloster-

und Bauerngarten; er war Heil- und Gewürzpflanze. Doch seine Zweiglein legte man auch in Gebetbücher und trug sie mit anderen duftenden Kräutern als Sträußlein gebunden mit zur Kirche. Denn Ysop war ein sehr berühmtes Kraut: Der Essigschwamm, der Jesus kurz vor seinem Tod an die Lippen gehalten wurde, steckte auf einem Ysop-Zweig. Auch das können Sie im Johannesevangelium nachlesen. Zurück zur Gegenwart: Die Palmbuschen stellt man vor oder in der Kirche auf, damit der Pfarrer sie nach der Messe weiht. Damit werden sie zu Siegespalmen, die über Leiden und Tod hinaus zur Auferstehung des Gottessohnes weisen.

Zum jüdischen Pessach- oder Passah-Fest werden die ungesäuerten Brote, die „Mazzen" gebacken.

Karwoche

Das Fest, auf das die Leute damals, vor etwa zweitausend Jahren, als Jesus in Jerusalem einzog, warteten, war das Pessach-Fest der Juden, auch Passah-Fest genannt. Pessach ist die Voraussetzung für Ostern, und ohne das Judentum hätte es kein Christentum gegeben. Denn Jesus war Jude – diese historische Tatsache wurde und wird viel zu oft vergessen. Man versteht die Karwoche, in der wir uns so intensiv mit dem Leiden und dem Tod Jesu beschäftigen, noch besser, wenn man etwas über das Pessach-Fest weiß.

Es erinnert an den Auszug der Juden aus Ägypten. Das achttägige Fest beginnt mit dem „Seder": Die jüdische Familie denkt beim gemeinsamen Essen am Abend vor Pessach an das Ende einer langen Sklaverei und den Anbruch einer neuen Zeit. Die christliche Familie denkt am Gründonnerstag ans Letzte Abendmahl. Jesus hat es mit seinen engsten Vertrauten, den Jüngern, gefeiert. Es kann ein „Seder" gewesen sein. Oder ein anderes jüdisches Festmahl, bei dem Jesus – wie Johannes berichtet – den Jüngern auch die Füße wusch. Dem anderen die Füße waschen – das war immer ein Zeichen der Demut. Jesus zeigte,

daß er sein Leben als einen einzigen Dienst verstand: an Gott und an seinen Mitmenschen. Und daß die Jünger genauso handeln sollten. Die Fußwaschung am Gründonnerstag wurde Tradition in allen christlichen Ländern: Jahrhundertelang vollzog sie zum Beispiel der französische König an zwölf Armen – handverlesen versteht sich und nicht einfach von der Straße reingeholt! Denn anders als Christus hatten die meisten christlichen Fürsten wenig Interesse an ihrem Volk. Und das Elend, in dem die Menschen leben mußten, war eben „gottgewollt".

Weiter in der Tradition: Das Lamm, das die Jünger zum gemeinsamen Mahl schlachten ließen, haben wir Christen als typisches Ostergericht übernommen. Die Hostie, die Katholiken beim christlichen Gottesdienst essen, hat ihren Ursprung in den „Mazzen", den Pessach-Broten, die man aus Weizenmehl ohne Zugabe von Sauerteig herstellt. Die Juden hatten vor ihrer Reise nämlich keine Zeit mehr, den Teig gären zu lassen und nahmen deshalb ungesäuertes Brot mit. Und die Klagelieder des Jeremias aus dem Alten Testament, die in der katholischen Kirche während

Ein Bergbauer in Tirol mit seinem Sohn beim Palmbaum-Binden. Nach der Weihe in der Kirche sind die Palmen Symbol des Sieges über den Tod: Palmkätzchen werden verspeist, um Fieber und Krankheiten abzuwehren. Die geweihten Palmbuschen steckt man auf die Äcker zum Schutz der Ernte. Und mit dem Palmbusch an der Hauswand, im Stall oder unter dem Dach gibt es ein gutes Jahr.

*Kinder bei Karfreitags-
prozessionen – hier in
Italien – sollen daran erinnern, daß Jesus am Ölberg
von Engeln getröstet
wurde. Das kleine Engel-
chen auf unserem Bild ist
dabei müde geworden.*

der Karwoche vorgetragen werden, erzählen vermutlich von
einer der großen Katastrophen
des jüdischen Volkes: der Zer-
störung Jerusalems im 6. Jahrhundert v. Chr.

Für katholische und protestan-
tische Christen dauert die Karwoche – „chara" ist das altdeut-
sche Wort für Trauer oder Klage –
von Montag bis zur Nacht von
Samstag auf Sonntag. Am Mitt-
wochabend beginnt die eigentliche
Passion: Judas vereinbart mit den
Hohepriestern, Jesus für den Preis
von 30 Silbermünzen auszuliefern.
Richtig vertraut ist den meisten
von uns erst der Gründonnerstag.
Warum eigentlich „grün"? Dieser
Tag heißt so seit dem 13. Jahrhundert. Doch „grün" war nicht
nur eine Farbe, sondern auch das
Wort für „sündenfrei". Und am
Donnerstag vor Ostern wurden
die Sünder wieder in den Kreis
der Gläubigen aufgenommen.

In der Praxis sah das so aus:
Jemand verbüßte eine Strafe
wegen Meineid, Ungehorsam
gegen die Eltern, Hurerei oder
Gotteslästerung. Er mußte einige
Male während des Gottesdienstes
barfuß vor der Kirchentür stehen
oder in der Kirche auf einem
separaten Stuhl sitzen und sich
bei jeder Predigt sein Vergehen

anhören. Am Gründonnerstag,
dem Antlaß- oder (neuhoch-
deutsch) Ablaßtag, wurde ihm die
Strafe erlassen. Und da man
früher viel mehr in Bildern dachte
und handelte, als wir es heute
gewohnt sind, gehörte zum
„grünen", sündlosen Tag auch
was Grünes auf die Teller:
(Heil-)Kräuter und Gemüse. Oder
„grün", das heißt unreif geernte-
tes Getreide – Grünkern eben! So
berühmte Gerichte wie Frank-
furter Grüne Sauce, Kerbelsuppe
und Grünkernpflänzchen sind
gewiß aus Gründonnerstag-
Inspirationen guter Köche und
Köchinnen entstanden.

Klöster, Frauenstifte und Spitäler
haben am Gründonnerstag Brote,
Brezeln und lebkuchenartiges
Gebäck an Arme und Kinder ver-
teilt. Sicher wollte man damit
Leute unterstützen, die auch
außerhalb der Fastenzeit Hunger
leiden mußten. Wichtiger aber
war, daß diese Lebensmittel
besonders geweiht und deshalb
besonders segensreich waren.
Wie alles, was mit Gründonnerstag zusammenhing. Auch all die
Eier, die das Federvieh an diesem
Tag freundlicherweise legte. Man
sammelte sie besonders sorgfältig
ein und färbte sie für die Weihe
am Ostersonntag.

Karfreitag ist Tag tiefster Trauer und hoher Feiertag. Denn am Karfreitag ist Jesus gestorben. Und hat mit seinem Tod die Menschen erlöst:
„Betet an und saget Dank!
Der den Kelch der Leiden trank,
Geht den Kreuzweg dorngekrönt,
Bis er Gott und Welt versöhnt"
heißt es im Passionsspiel von Oberammergau.

Was am Karfreitag passiert ist, versuchen die Menschen seit jeher darzustellen – in Prozessionen und Spielen. Sie versuchen mitzuleiden und dadurch tatsächliche oder vermeintliche Schuld zu mindern. Die Züge, in denen Menschen schwere Kreuze schleppten oder sich selbst mit Geißeln bearbeiteten, bis das Blut

in Strömen floß, waren während Kriegen, Hungersnöten oder Pestepidemien besonders lang.
Am Karsamstag kehrt Stille ein: Das Schweigen der Kirchenglocken, das ja schon am Gründonnerstag beginnt, fällt mir an diesem Tag immer besonders auf. Am Samstag liegt Jesus im Grab – schön anzusehen in katholischen Kirchen. Und wenn er in der Osternacht aufersteht, läuten auch die Glocken wieder ...

Karwoche in Italien (oben) und (nächste Doppelseite) in Spanien: Tag und Nacht ziehen die Menschen durch die Städte – von einer Kirche zur nächsten. Veranstaltet werden die Prozessionen von Bruderschaften, die sich bereits im Mittelalter gebildet haben, um die Frömmig keit zu pflegen und karitative Aufgaben zu übernehmen. Tausende gehen mit bei diesen Passionszügen – die Brüder in Büßergewändern mit den typischen Kapuzen, manche sogar barfuß. Auf dem Bild sehen Sie den Paso der Roma in Sevilla, „San Roman", die berühmteste der Prozessionen.

25

OSTERN

Der Frühling als Ereignis: Jedes Jahr staunt man, wie die Blümchen sich gegen Schnee und Eis behaupten (oben).
Ein Fest für Kinder (rechts): Suchen, was der Osterhase versteckt hat, macht im Freien am meisten Spaß.

„Und dräut der Winter noch so sehr
Mit trotzigen Gebärden
Und streut er Eis und Schnee umher
Es muß doch Frühling werden.
Blast nur, ihr Stürme, blast mit Macht,
Mir wird darob nicht bangen,
Auf leisen Sohlen über Nacht
Kommt doch der Lenz gegangen."
Kennen Sie es noch? Ich habe Emanuel Geibels Frühlings-gedicht aus dem Gedächtnis auf-geschrieben. Es erinnert mich an Ostern in meiner Kindheit. Ganz ohne Pathos übrigens: Damals war das Fest für mich hauptsäch-lich mit der Frage verbunden, ob das Wetter schon so schön war, daß ich raus in den Garten und dort meine Ostereier suchen durfte. Wenn daraus nichts wurde, hat mein Vater oft zum Trost den Vers von Geibel zitiert. Vor der Erfindung von Zentral-heizung, Wintersport und Fern-reisen müssen die Leute in ähn-licher Spannung gelebt haben – allerdings nicht der Ostereier wegen. Nach Monaten in dunklen, feuchten und verqualmten Behausungen begrüßten sie den Frühling mit überschwenglicher Freude. Nun brauchten sie nicht mehr von Salzfleisch und Hülsen-früchten, Stockfisch und Sauer-kraut, eingelagerten Rüben und Kohl zu leben. Das erste Grün auf den Viehweiden begann zu sprießen, die Hühner begannen zu legen. Die Kühe gaben wieder richtig Milch, und die Speisekam-mern füllten sich mit frischer Butter, Dickmilch, Sahne, Quark und Käse. Draußen wuchsen Spargel, Portulak und Spinat fürs Gemüse, Löwenzahn, Kräuter, Lattich und Hopfensprossen für den Salat, Rhabarber für Kuchen und Kompott. An milden und feuchten Frühlingstagen standen die Laubwälder voller Morcheln – früher so normale Pilze wie heute die Champignons aus dem Supermarkt. Aus den zartgrünen Spitzen von Tannen und Fichten kochte man Sirup.
All das war an Ostern schon zu haben, oder zumindest nah genug für die Vorfreude. Ein Fest der Auferstehung – in jeder Hin-sicht! Kein Wunder, daß man Ostern nie allein mit Christus verbunden hat, sondern immer auch mit der neu erwachten Natur. Frühlingsfeste gab es zu allen Zeiten und bei allen Völ-kern; sie sind genauso universal wie Fastenzeiten. Deshalb feier-ten die Christen ihr Ostern im Frühling – genau wie die Juden

Ostern auf der griechischen Insel Karpathos: Zum Fest ziehen die Frauen ihre wunderschönen traditionellen Trachten an.

ihr Pessachfest, die Perser ihr Noruz (das noch ein paar vorislamische Bräuche enthält), die Chinesen ihr Neujahrsfest, das nach dem Mondkalender zwischen Ende Januar und Mitte Februar stattfindet.

Streit gab es in den ersten Jahrhunderten nach Christi Tod nur um den genauen Termin: Die Christen in Kleinasien begingen Ostern immer zusammen mit den Juden, am Pessach-Fest also, gleichgültig, auf welchen Wochentag es auch fiel. Es beginnt am Abend des 14. Nisan; nach unserem, dem Gregorianischen Kalender zwischen Mitte März und Mitte April – und dauert sieben Tage. Die Christen im Westen dagegen richteten sich zwar auch nach dem jüdischen Pessach-Fest. Doch sie feierten Ostern immer am Sonntag, und zwar dem ersten nach dem 14. Nisan.

Beim Konzil von Nicäa, im Jahre 325, versuchten die versammelten Kirchenmänner zu einer Einigung zu kommen: Zuerst sollten Astronomen die Tag- und Nachtgleiche im Frühling, das Frühlingsäquinoktium, berechnen. Danach wartete man den ersten Vollmond ab. Und der Sonntag darauf war Ostern. Der Papst würde jedes Jahr diesen Termin

so zeitig verkünden, daß sich alle Christen darauf einrichten konnten.

Das taten die Heiligen Väter auch, nur nützte es nichts. Mal feierten die Römer am 21. März und die Leute in Alexandria fünf volle Wochen später. Die Briten machten es den Römern nach, während die Christen in Antiochia lieber mit ihren jüdischen Landsleuten feierten.

Was den Kirchenmännern nicht vergönnt war, schaffte knapp ein halbes Jahrtausend nach Nicäa ein bedeutender Staatsmann: Kaiser Karl der Große setzte einen verbindlichen Ostertermin bei allen christlichen Gemeinden der westlichen Welt durch. Seither feiern wir Ostern am ersten Sonntag nach dem Frühlingsvollmond.

Neues von Ostara und anderen Geistern

Wenn von Ostern die Rede ist, stehen Geister auf. Sie stammen nicht aus grauer Vorzeit, sondern aus den Federn von Gelehrten. Da werden Germanen und liebliche Göttinnen beschworen. Ostern gilt als heidnisches Frühlingsfest, das die Kirche notdürftig christlich „verkleidet" hat. Doch all das entspricht nicht den

historischen Tatsachen. „Die Germanen" als einheitliches Volk gab es nämlich nicht: Mit diesem Kunstwort haben die Kelten verschiedene Stämme aus dem Norden bezeichnet, die sich am rechten Rheinufer niederließen und ihnen fürderhin das Leben schwermachten. Die Scharmützel zwischen Kelten und den rechtsrheinischen Eindringlingen spielten sich vor etwa zweitausend Jahren ab – Julius Cäsar hat davon berichtet. Wie die Leute damals Feste gefeiert haben, erzählt er uns nicht. Auch kein anderer Autor hat es überliefert. Erst etwa elfhundert Jahre später beginnen einzelne Chronisten darüber zu schreiben – allerdings nur, wenn ein Prominenter feierte.

Zum Beispiel, wenn der deutsche König Heinrich IV. sich am Ostersonntag des Jahres 1084 zum Kaiser krönen läßt. Oder wenn beim Feiern etwas passiert – wie die Brandkatastrophe im Jahre 1090 (siehe Seite 9).
Eine Namenspatronin des Osterfestes, die germanische Frühlingsgöttin Ostara, auch Eostra oder Eosdre genannt, gab es ebenfalls nicht. Die anmutige Schöne ist ein Irrtum: Der Theologe Beda Venerabilis hatte einen Brief Papst Gregors des Großen aus dem Jahre 601 falsch gedeutet. Und Jacob Grimm, der bekannte Märchensammler, irrte sich ein paar hundert Jahre später genauso. Ähnlich wie die Mär vom eisenhaltigen Spinat, die durch

Zum höchsten Fest im Kalender der orthodoxen Kirche drängen sich die Gläubigen dicht an dicht in den russischen Gotteshäusern.

Osterumzug auf Sizilien.

einen simplen Rechenfehler in die Welt kam, hält sich auch die Geschichte von Ostara hartnäckig und wird alle Jahre wieder erzählt.

Dabei bedarf es gar keiner Frühlingsgöttin, um im deutschen Namen des höchsten kirchlichen Festes noch eine ganze Menge Poesie zu entdecken: Das Urwort bedeutet die „Morgenröte". Da man die Nacht vor Ostern in der Kirche verbracht hat – wie es heute noch in romanischen und orthodoxen Ländern üblich ist –, erlebte man auch den Sonnenaufgang mit. Und nahm teil am Gottesdienst des neuen Tages. Zuerst hieß „Ostern" nur diese Auferstehungsfeier, dann nannte man das ganze Fest so.

Wußten Sie übrigens, daß Ostern ein Wort in der Mehrzahl ist – wie Weihnachten und Pfingsten? Das kommt daher, daß man solch hohe Feste tagelang gefeiert hat.

Was sonst noch zu Ostern gehört

Zum Beispiel das Osterfeuer: Sie finden es vor allem in katholischen Gebieten. Es soll das neue Licht symbolisieren, das mit Christus in die Welt gekommen ist. Der meterhohe Stoß aus Reisig und Holzscheiten wird in der Osternacht geweiht und entzündet. Die Asche hebt man für das Aschenkreuz am Aschermittwoch des folgenden Jahres auf. Ostergebäck gibt es in allen christlichen Ländern: meist in

Fladen-, Lamm- oder Hasenform. „Hasenbrot" nannte man in Lothringen ein feines, weißes Weizenbrot im Gegensatz zum groben Bauernbrot aus Roggen oder Gerste. Im Elsaß gab es eine Fladergasse, wo die Kuchenbäcker, die Fladerer, wohnten. In Finnland machte man früher ein interessantes Ostergericht: Gekeimte Getreidekörner wurden zerquetscht, mit Wasser vermischt und vergoren. Den dünnen Brei vermischte man mit Walderdbeeren. Heute ist dieses „Mämmi" ein süßer Kuchen, gewürzt mit Pomeranzenschalen und gebacken in Schachteln aus Birkenrinde. Man ißt ihn mit Zucker und Sahne.

Die Osterkerze ist eine zahme Form des Osterfeuers, verbreitet besonders in romanischen Ländern und in der orthodoxen Kirche. Auch sie bedeutet das Licht, das Christus in die Welt bringt. Mit der Osterkerze werden fünf Weihrauchkörner geweiht – Hinweis auf die fünf Wundmale Christi. Als Bild für den im Grabe ruhenden Heiland brennt die Kerze jetzt noch nicht. Man fügt ihr erst die geweihten Weihrauchkörner in Form eines Kreuzes ein. Schließlich wird sie angezündet. Und an ihr entzünden die Gläubigen während des Ostergottesdienstes ihre eigenen Kerzen, mit denen sie dann nach Hause gehen.

Ostermärchen waren im Mittelalter Teil der Osterpredigt. Um seinen Schäflein das Ostergeschehen plausibler zu machen, garnierte der Priester seine Predigt mit volkstümlichen Geschichten, Sagen und Rätseln. Das Ganze sollte nicht bierernst, sondern richtig komisch sein, damit die Zuhörer was zum Lachen hatten, die harte Fastenzeit vergaßen und sich gemeinsam der Auferstehung Christi freuten. Das lautstarke Amüsement des Publikums, das wir heute während eines Gottesdienstes höchst unpassend fänden, war damals gewollt. Kritisiert wurde allerdings, daß es zu Ausschreitungen kam, daß manche Späße des Mannes auf der Kanzel zu derb waren oder daß manche Märchen zu viel „Aberglauben und Thorheiten" statt „ächter Moral" enthielten.

Die Reformatoren fanden diese Volkstümelei der Katholiken ziemlich albern, und so entstand ein langer Streit um Nutzen oder Schaden der Ostermärchen. Noch Anfang des 19. Jahrhunderts spottet ein protestantischer Theo-

Auch das gehört zu Ostern: Süßigkeiten, Kitsch und Kommerz.

loge, manche Prediger würden „das Geschrei der unvernünftigen Thiere" nachahmen, um das „gebräuchliche Ostergelächter – die Caricatur der fehlenden heiligen Osterfreude – zu bewirken." Osterspiele sind aus Prozessionen entstanden: Geistliche stellten dabei die drei Frauen und den Engel dar, die sich am leeren Grab begegnen. Die Zuschauer wollten aber mehr sehen, und so fügte man immer mehr Handlung hinzu. Schließlich spielte man die ganze Ostergeschichte.

Osterwasser nimmt Pickel und Sommersprossen, bringt Gesundheit und Glück. Vorausgesetzt Sie sind eine Frau und machen sich das Schöpfen nicht zu leicht: Erstens müssen Sie nüchtern bleiben und zweitens bei Sonnenaufgang einen fließenden Bach aufsuchen, ohne dabei ein Wort zu sprechen. Nun tauchen Sie schweigend Ihr Eimerchen in den Bach und schöpfen das Wasser. Schweigend tragen Sie es auch zurück zu Ihrem Ausgangspunkt. Übrigens sollten Sie niemandem von Ihrem Osterwasser-Trip erzählen. Denn auch Gelächter – Ihr eigenes und das eventueller Zuschauer – zerstört die segensreiche Wirkung des Wassers.

Ostereier zum Aufheben: Künstler verzieren Schmuck-Eier mit alten und modernen Motiven in allen möglichen Techniken (oben). Jedes Jahr gibt es dazu in Köln eine Ostereier-Börse. Geweihtes Osterwasser holt man in Franken vom reich geschmückten Brunnen (links).

OSTERN IN GRIECHENLAND

Eiernestchen auf Griechisch: Zu allen österlichen Gebildbroten gehören gefärbte Eier. Früher waren sie nur rot, inzwischen mag man es auch bunt.

Stärker als bei uns gehört zum griechischen Ostern noch die ganze Fastenzeit. Viele nehmen das Fastengebot sehr ernst, essen vierzig Tage lang weder Fleisch, Eier noch Käse. Eine beliebte Fastenspeise sind Taramokeftédes, Frikadellen aus gekochten Kartoffeln, Fischrogen, Zwiebel und Gewürzen. Tahinósupa, eine typische Fastensuppe, besteht aus – Wasser! Darin kocht man Suppennudeln und rührt als Würze Sesampaste, Zitronensaft und Pfeffer ein. Enthaltsamkeit allenthalben: Olivenöl gibt es nur am Wochenende, Süßigkeiten, Tanz und Liebe überhaupt nicht.

Dafür leben alte Bräuche auf, vor allem auf dem Land. Zum Beispiel am „Sauberen Montag", der unserem Rosenmontag entspricht – eine Mischung aus turbulentem Volksfest und frommer Vorbereitung aufs Fasten. Koch- und Eßgeschirr werden blitzblank geputzt, damit nur ja kein Fett mehr daran haftet.

Mit dem Palmsonntag beginnt die „Große Woche". Überall, wo Palmen gedeihen, schmücken sie die Pforten der Kirchen. Im Innern der Kirche steht die Ikone, die Christus bei seinem Einzug in Jerusalem darstellt. Die Kerzen, die Männer und Frauen beim Betreten des Gotteshauses anzünden, sind dunkelgelb – als Zeichen der Trauer.

Den Fremden erinnert der Verlauf der Großen Woche ein bißchen an unser Weihnachten: Hektik, Verkehrschaos, kribbelige Kinder, nervöse Eltern. Und dann leeren sich die Städte von allen Menschen, denn Ostern ist in Griechenland wichtigstes Familienfest. Offenbar hat jeder Grieche auf dem Land, in der Provinz seine Wurzeln. Dort nämlich findet Ostern wirklich statt.

Am Gründonnerstag strömen die Hirten mit ihren Schafen auf den Märkten zusammen. Die Tiere stehen zum Verkauf, denn in jeder Familie gibt's am Ostersonntag Lammbraten am Spieß. An diesem Tag – in Griechenland „Roter Donnerstag" genannt – werden auch die Eier gefärbt: bereits sehr früh am Morgen oder sogar noch in der Nacht. Griechische Ostereier sind fast immer rot; die Farbe erinnert an das Blut, das Christus vergossen hat. Aber sie soll auch den Sieg über den Tod zeigen und die Freude der Gläubigen über die Auferstehung Christi. Heute verwenden die Frauen zum Färben meist gewöhnliche Ostereierfarben. Nur auf einigen Dörfer und in

traditionsbewußten Familien geht es noch wie früher zu, und man nimmt den Saft roter Rüben, Seetang oder Tonerde. Oder die Wurzel der Krapp-Pflanze: Die Staude wurde bis Ende des 19. Jahrhunderts in Europa und Vorderasien in großen Mengen angebaut, um ihren – übrigens schon im Altertum bekannten – Farbstoff zu gewinnen: Mit diesem „Türkisch-Rot" waren zum Beispiel die Hosen der französischen Soldaten gefärbt. Nach dem Färben poliert man die Eier mit Olivenöl.

Zum Roten Donnerstag gehört auch die Zubereitung des Osterbrotes: ein Gebäck aus Hefeteig mit Gewürzen, Nüssen, Mandeln, Öl und dem Sud von ausgekochten Lorbeerblättern. Gebacken wird es als Kranz mit einem roten Ei in der Mitte. Die Kinder bekommen eigene Formen: Tiere oder menschliche Figuren, garniert mit Teigornamenten, Mandeln und Sesam.

Ostern in Griechenland – das ist auch tiefe Frömmigkeit. In den letzten Wochen vor Ostern besuchen die sehr Gläubigen von acht Uhr abends bis morgens früh die Gotteshäuser. Viele können erst am Roten Donnerstag oder zur Grabprozession am Karfreitag kommen. Alle aber nehmen an der Messe in der Nacht von Samstag auf Ostersonntag teil. Am besten können Sie das Fest von Tod und Auferstehung in einer kleinen Dorfkirche miterleben: Sie ist überfüllt, und es

Ein Ritual, das uns makaber vorkommen mag: Der griechisch-orthodoxe Priester weiht die Lämmer, die fürs Osterfest zum Schlachten bestimmt sind (oben).
Nächste Doppelseite: Frühling auf Kreta!

Üppiges im kargen Karpathos: Eine Frau posiert fürs Foto stolz mit selbstgebackenen Osterkränzen.

herrscht unheimliche Düsternis. Die Lüster tragen violetten Flor, violett sind auch die Gewänder des Priesters (Papás), der hinter dem Altar steht. Gemeindemitglieder singen den Leidensweg Christi – stundenlang und monoton. Andächtige Stille kehrt nie ein, denn Menschen kommen und gehen, Flüstern erfüllt den Raum, denn schließlich hat man den Bekannten und Verwandten, die man nur zu Ostern sieht, eine Menge zu erzählen.

Die Lichter verlöschen: Der Todestag Jesu beginnt in der orthodoxen Kirche bereits am Abend des Gründonnerstag. Der Papás – nun im schwarzen Gewand – liest das Evangelium vor dem Kruzifix. Immer wieder werden die Kerzen davor neu entzündet, denn diese Liturgie dauert ganze vier Stunden. Grablegung ist in der orthodoxen Kirche schon am Karfreitag: Die Christusfigur wird vom Kreuz abgenommen, mit einem Tuch verhüllt und in den vorbereiteten, üppig mit Blumen geschmückten Sarg gelegt. Darüber kommt ein zartes, durchsichtiges Gewebe, das der Papás mit Blüten bestreut. Die Gemeinde zieht in langen Schlangen am Heiligen Grab, dem Epitáphios,

vorbei, um Christus zu küssen. Die Auferstehungsfeier beginnt am Samstagmorgen um halb sieben in der Kirche: Alle Trauerflore um Lüster und Säulen sind verschwunden, die Kirche, geschmückt mit Lorbeerzweigen, erstrahlt im Licht. Der Papás trägt hellblau. Während er in der Kirche unter eher verhaltenem Getöse Teufel und Dämonen vertreibt, geht es draußen hoch her: Knallerbsen fliegen, Blechdosen scheppern, selbstgebastelte Böller explodieren, Salutschüsse aus den eigenen Schießeisen dröhnen – in Griechenland gibt es kein Waffengesetz wie in Deutschland. Am Samstag bereitet man auch das österliche Essen vor: Die Innereien des Osterlammes kommen teils in die Suppe, die Mageirítsa, die man nach der Auferstehungsmesse ißt. Der Rest wird am Spieß gebraten.

Und um 24 Uhr am Samstag ist es endlich soweit: „Christós anéste" – „Christus ist auferstanden", verkündet der Papás den Ostergruß in der brechend vollen Kirche unter dem Läuten der Kirchenglocken. Die Menschen umarmen und küssen einander. Sie wiederholen den Ostergruß und die Antwort darauf: „Er ist tatsächlich auferstanden!" Die

Osterhymne ertönt, die Gläubigen stimmen ein: „Deine Auferstehung, Christus, Erlöser, preisen die Engel im Himmel." Der Papás verliest nun das Evangelium vor der Auferstehungsikone. Dicke Weihrauchschwaden hängen in der Luft, der Lärm draußen brandet wieder auf.

Mit den brennenden Auferstehungskerzen, entzündet an der Osterkerze in der Kirche, gehen die Leute nach Hause. Allerdings nicht zum Schlafen – Ostern, das Freudenfest, das höchste Fest der Christenheit, wird gleich gefeiert: mit Wein und knusprigem Brot, mit Ostersuppe und Osterbrot. Überall beginnt es nach gebratenem Fleisch zu duften: Viele Familien bringen das Oster-

lamm zum Bäcker, damit er es brät. Andere grillen das Fleisch selbst im Innenhof oder im Garten, und jeder dreht eine Weile den Spieß. Nicht überall reicht das Geld fürs Traditionsgericht Osterlamm; auf manchen griechischen Inseln sind die Leute arm, die Küche karg und einfach. Dort ißt man zu Ostern gefülltes Huhn: gekochter Reis wird mit Eiern, Reibkäse, Dill, Zimt und Nelken vermischt und in den Bauch des Huhnes gestopft. Mit Olivenöl bepinselt, kommt der Braten in den Ofen.

Die grünen Wiesen tragen bunte Blumentupfer – Frühling ist eingezogen in Griechenland.

Die Wiesen sind wieder grün, die Menschen fröhlich und die Osterfahnen tragen das Freudenrot mit dem Bild des siegreichen Christus: „Christós anéste"!

HASENGESCHICHTEN

*Osterhase in freier Wild-
bahn, bei nachösterlicher
Verschnaufpause. Oder:
Einfacher Feldhase, der
direkt in die Linse des
Fotografen blickt. Sie
wissen ja – Hasen-
geschichten gibt es viele!*

Das Tier taucht zum ersten Mal
in einer Abrechnung des Jahres
1555 auf. Damals legt es aber
noch keine Eier. Woraus zu
schließen ist, daß es sich bei diesem ersten überlieferten Osterhasen nur um einen österlichen
Hasenbraten handelte. Erst im
Jahre 1682 findet er dann zu
seiner eigentlichen Bestimmung
und beschenkt Kinder mit selbst-
gelegten Eiern – höchst erstaunlich bei einem Säugetier. Ich
kann mich allerdings nicht erinnern, daß ich mich jemals darüber gewundert hätte. Denn der
Osterhase war für mich ein
Märchenwesen – wie die gute
Fee und die böse Hexe. Doch
dieses Märchentier mochte ich
besonders gerne – brachte es
doch so wunderbare Süßigkeiten.
Anfang der fünfziger Jahre war
das für ein Kind noch keine
Selbstverständlichkeit und Grund
genug, die Existenz des Osterhasen keinesfalls zu bezweifeln.
Was die Kleinen einfach glauben,
wollen die Großen erklären. Deshalb haben sich Generationen
von Gelehrten den Kopf zerbro-
chen, wie der eierlegende Hase
denn eigentlich zustande kam.
Und so wurde die Geschichte des
Osterhasen zu vielen Geschichten. Hier sind ein paar davon:

● Der Osterhase ist die Erfindung
von Eltern und Ammen, um Kinder besser „im Griff" zu halten –
bekanntlich kriegen nur liebe
Kinder Geschenke.

● Er ist ein Witz, den sich die Er-
wachsenen mit Kindern erlauben:
„Die Mutter färbt die Eier,
Der Vater legt sie ins Gras,
Dann meinen die dummen Kinder,
Das wär der Osterhas".

● Er ist nur ein hübsches Bild für
Stadtkinder, denn Bauernkinder
hätten – weit besser vertraut mit
der Fortpflanzung – einen eier-
legenden Hasen höchstens
komisch gefunden.

● Er ist eine Verlegenheitslösung,
denn man konnte für farbige Eier
schlecht die Hühner verantwort-
lich machen. Richtige Ostereier
aber sind nur gefärbte Eier, die
man zur Weihe in die Kirche
bringt.

● Er ist eine Erfindung der Protestanten, die gegen den katholischen Kult der Eierweihe zu
Felde zogen. Doch das Volk zog
nicht mit und bestand auf seinen
Ostereiern. Und da haben die
Oberen kurzerhand ein so welt-
liches Tier wie den „Rammler"
zum Eierbringer ernannt.

● Er ist ein mißglücktes Gebild-
brot: Ungeschickte Hände haben
das Osterlämmchen mal mit zu

Fröhliche Ostern!

langen Ohren und zu kurzen Beinen ausgestattet. Tatsächlich gibt es Abbildungen von Gebäck in Hasenform mit einem Ei im Hinterteil.

● Er ist Fruchtbarkeitssymbol, das mit dem Ei, einem zweiten wichtigen Sinnbild für Fruchtbarkeit, verbunden wurde. Im Dritten Reich haben die Nationalsolzialisten dazu noch die liebliche „Ostara" (siehe Seite 30) gefügt und aus derartigen Deutungen einen „Germanenkult" gezimmert. Noch heute tummelt sich diese angebliche Frühlingsgöttin mit ihren „Begleitern" Rammler und Storch in den obligaten Osterartikeln mancher Gazetten.

● Er ist ein Eierbringer unter vielen anderen – wie der Fuchs, das Lamm, die Henne, der Hahn, der Kranich, der Storch, die Lerche, der Auerhahn, die Glocken oder der Ostermann: Alle diese Figuren haben Volkskundler in ganz Europa entdeckt.

Suchen Sie sich einfach die Geschichte heraus, die Ihnen am besten gefällt. Sie stimmt vielleicht ein bißchen, genau wie alle anderen. Oder erzählen Sie Ihren Kindern nach dem Eiersuchen beim Osterspaziergang alle – Ausschmücken ist erlaubt!

Ein Ostergruß aus dem Jahre 1908: Keine niedlichen Häschen, sondern soignierte Hasenherren in Wiener Kaffeehaus-Atmosphäre.

EIERGESCHICHTEN

*Ein Witz-Ei zu Ostern:
„ClownerEien" nannte der
Künstler seine Kreation.*

Sie kennen die Frage: Was war
zuerst – die Henne oder das Ei?
Eine Antwort darauf haben die
Menschen noch nie gefunden.
Nach einem japanischen Mythos
hingen Himmel und Erde ur-
sprünglich zusammen und
bildeten die Form eines Eies, in
dessen Mitte der Keim für alles
Leben lag. Anders in Indonesien:
Dort glaubte man, das Höchste
Wesen habe als Vogel auf die
Urgewässer ein Ei gelegt, aus
dem dann die Welt entstand.
Die Ägypter haben das Ei und
den Vogel in einem wunderbaren
Bild miteinander verbunden: Die
Sonne ruhte im Ei eines Wasser-
vogels wie in einer Wiege. Das
Bild kann man „lesen": Die
Wiege ist wie der weibliche
Schoß, der uns alle vor unserer
Geburt birgt. Wasser, Vogel und
Ei symbolisieren das Weibliche,
die Sonne das Männliche. Zusammen sind sie Urquell des Lebens.
Aber es gab im alten Ägypten
noch eine Göttin, der alle
Menschen ihre Lebenskraft verdanken. Sie wurde Qerehet
genannt, und das heißt „Ur-Ei".
Das Ei spielt auch eine Rolle
beim Entstehen von Fürsten-
häusern: Eine vietnamesische
Sage erzählt, daß die Gemahlin
von König Lae-Long ihrem Mann
keine Kinder gebar, sondern hundert Eier legte. Aus jedem kam
ein Kind hervor. Der Sohn, der
aus dem ersten Ei entstanden
war, begründete eine Dynastie
von achtzehn Königen, die ins-
gesamt sagenhafte zweitausend-
fünfhundert Jahre regierten.
Nach so vielen Bildern brauchen
wir wieder ein paar nüchterne
Fakten: Mit den Eiern von Vögeln
und Reptilien haben schon in der
Vorgeschichte Jäger und Sammler
ihre spärliche Nahrung bereichert.
Denn Eier gehören zu den nähr-
stoffreichsten Lebensmitteln. Sie
liefern Vitamine, Eisen und Pro-
tein, das wir besser verwerten
können als das Eiweiß, das in
Fleisch enthalten ist. Außerdem
sind sie Schnellgericht und Fer-
tigprodukt in einem – in einer so
perfekten Recycling-Frischhalte-
packung, wie Designer und Ver-
packungsexperten noch keine
kreiert haben. Und als Tüpfel-
chen auf dem i demonstriert uns
die Natur am Ei die Entstehung
des Lebens wie in einem Doku-
mentarfilm. Wer schon ein
Küken beim Schlüpfen beobach-
ten konnte, begreift, daß die
Henne das Ei nicht für unseren
Frühstückstisch, sondern für ihre
Fortpflanzung legt. Und kommt
ins Grübeln über Hühnerfarmen,

in denen der Mensch das Tier zur Legemaschine ohne Leid und Schmerz degradiert.

Ostereier

Eier sind alles mögliche: Grund für die Entstehung der Welt und des Lebens. Bild für weibliche und männliche Potenz. Hülle für große Helden und mächtige Könige. Ihre wesentliche Rolle im Christentum spielen sie als Ostereier. Für die Kirche gelten sie nämlich als Sinnbild der Auferstehung: Christus habe das Grab gesprengt wie das Küken die Eierschale. Oder: Die Schale des Eies bedeute den Leib, das Eiweiß die Seele und der Dotter die göttliche Natur des auferstandenen Heilands. Gewiß erinnert das an andere Schöpfungsgeschichten; Völkerkundler und Psychologen wissen, daß bestimmte Vorstellungen in allen Kulturen auftauchen, auch wenn die eine nie etwas mit der anderen zu tun hatte. Es scheinen Bilder zu sein, die der Mensch nicht „gelernt" hat, sondern einfach in sich trägt. Ein Grund übrigens, weshalb Sie sich mit jedem Ihrer Mitmenschen irgendwie verständigen können – auch wenn er oder sie von der anderen Seite des Erdballs stammt.

Aber wieder mal ganz ohne symbolische Bedeutung: Eier gehörten schon immer zum Frühling. Erstens, weil die zahmen und die wilden Vögel wieder anfingen zu legen. Die Eier von Hühnern,

Backhuhn – mal nicht auf die Wiener, sondern auf die österliche Art. Zum Nachmachen: Eine Schablone zeichnen, auf fingerdick ausgerollten Hefe- oder Mürbeteig legen und ausschneiden. Vor dem Backen mit Eigelb, danach mit Lebensmittelfarben verzieren.

Eier-Vergleich: oben das Ei vom Strauß, daneben sehen Sie das von der Gans. Hühnerei und Möwenei sind fast gleich groß. Wachteln legen verschiedene Eier: die europäischen größere, die chinesischen Wachteln kleinere.

Gänsen, Enten, Rebhühnern, Wachteln und Möwen waren eine willkommene Abwechslung im Speisezettel. Zweitens, weil Eier während der Fastenzeit verboten waren: Sie galten als Fleisch, nur in flüssiger Form. Denn man wußte immer, daß Eier etwas Besonderes waren. Weshalb sie auch die Tische der großen und nicht der kleinen Leute bereicherten.

Vor Ostern hatte sich also eine ganze Menge von Eiern angesammelt, die man schließlich verbrauchen mußte. Findig, wie der Mensch ist, hat er das Angenehme mit dem Nützlichen verbunden: Die Bauern bezahlten dem Grundeigentümer die Pacht nicht mit Geld, sondern mit Lebensmitteln. Zum Beispiel eben mit Eiern. Die Grafen von Falkenstein, deren Burg bei Flintsbach in Bayern lag, bekamen zwischen 1165 und 1174 zu Ostern und Pfingsten von jedem Bauernhof 100 Eier geliefert. Mit Eiern entrichtete man auch Warenzoll. Bäuerinnen, die Eier und Milchprodukte in der Stadt verkauften, entrichteten vor Ostern eine „Eier-Maut" und konnten diese Waren dann das ganze Jahr über zollfrei zum Markt transportieren. Außerdem waren Eier damals

auch, was heute die Münze im Klingelbeutel, der Scheck für die Caritas ist: Spende für Kirche und Arme.

Nicht nur Eier waren Zahlungsmittel, sondern auch Gebäck mit Eiern – deshalb ist der goldgelbe Hefeteigfladen zum typischen Osterbrot geworden.

Die Eigentümer von Grund und Boden – kleine und große Adlige, Klöster, Kirchenfürsten –, die auf diese Weise Pacht, Zoll und Spenden einnahmen, haben die Eier nicht einfach aufgegessen, sondern wiederum als Zahlungsmittel verwendet: Mit Eiern und Fladen entlohnte man Personal, unterstützte Bedürftige.

Allerdings waren das keine einfachen Eier mehr, sondern eben Ostereier – gefärbt, geweiht und deshalb besonders geschätzt. Die wertvollsten stammten vom Gründonnerstag, dem Tag, an dem auch Sünder wieder in den Schoß von Mutter Kirche aufgenommen wurden. Diese „Ablaß-Eier" – noch heute ist das mittelhochdeutsche Wort „Antlaß" dafür üblich – verschenkte man an wichtige oder liebe Leute.

So wurde aus einem begehrten Lebensmittel ein wichtiges Zahlungsmittel. Als es im Laufe von Jahrhunderten seine Kaufkraft

Eierfärben (oben) macht soviel Spaß wie Plätzchen-backen. Und noch ein bißchen mehr Unordnung. Eierschalen als Schmuck auf Eiern (links). Die Geduldsarbeit geht so: Eier hart kochen, die Hälfte mit kräftigen, den Rest mit Pastellfarben färben. Einen Teil der Eier pellen und die Schalen dekorativ auf die anderen Eier kleben.

Luftschiff-Eier am Frühlingshimmel (oben) machen Sie mit ausgeblasenen Eiern.
Auch wenn Sie Ihrem Malertalent freien Lauf lassen wollen (rechts): Eier erst ausblasen. Denn vielleicht sind nicht alle Farben, die Sie brauchen, wirklich eßbar und unschädlich.

einbüßte, wandelte es sich zum schönen Geschenk – mal unendlich kunstvoll und kostbar wie die Juweleneier am Hofe des Zaren, mal bunt und süß wie die Schokoladeneier im Osternest für Ihre Kinder.

Die Geschichte des Ostereies ist übrigens rein christlich: Erstens kennen ausgerechnet die Nordeuropäer, deren Vorfahren immer herhalten mußten, wenn es um heidnische Riten ging, Eier zu Ostern erst seit etwa 1900 – ein bißchen zu spät für vorchristlichen Fruchtbarkeitszauber! Zweitens wird ein normales Ei erst zum „Osterei", wenn der Priester es geweiht hat. Diese Weihe, die andere wichtige Lebensmittel wie Fleisch, Brot, Salz, Milch und Butter einschließt, war vermutlich schon vor der Jahrtausendwende üblich – auch damals ganz ohne „Heiden", denn Kaiser Karl der Große und seine Nachfolger hatten dafür gesorgt, daß über Europa das Banner der christlichen Kirche wehte.

Drittens stammt der erste sichere Beweis für ein geweihtes Osterei aus einem Gedicht des Jahres 1553. Tatsächlich war Europa damals wieder richtig mit den „Heiden" beschäftigt – in Übersee!

Eierspiele

Kennen Sie „Waleien"? Es erinnert ein bißchen an Minigolf und ist bei schönem Osterwetter im Sandkasten zu spielen: Helfen Sie Ihren Kindern, einen langgezogenen Sandhügel mit sanfter Neigung aufzuschütten. Auf diese Piste kommen möglichst viele Hindernisse, zum Beispiel Sandkuchenförmchen als Barrieren, aus Pappe gebastelte und bunt bemalte Tore, Konservendosen ohne Deckel und Boden als Röhren, durch die das Ei rollt, wenn der Spieler geschickt zielt. Zweige werden wie Büsche in den Sand gesteckt, und so manches Ei wird darin hängenbleiben und das Ziel nicht erreichen. Am Ende des Hügels heben Sie eine weite, flache Grube aus und legen ein buntes Osterei hinein. Nun stellen sich alle Mitspieler hinter dem Sandhügel auf. Der erste läßt sein Osterei den Sandhügel hinunterkullern. Genau zielen ist wichtig, denn das Ei muß erstens alle Hindernisse überwinden und zweitens das Ei in der Grube treffen. Gelingt es, darf der Spieler ein zweites Ei rollen. Verfehlt er das Ei in der Grube, muß er sich wieder hinten anstellen, bis er an die Reihe kommt. Der Spieler, der die mei-

Liebe zum Detail und eine ruhige Hand sind nötig für solch ein feines Blumenmuster.

sten Eier gerollt hat, ist Sieger
und bekommt einen Preis.
Einfacher und ohne Vorbereitung
geht das Eierwalchen, zu spielen
während des Osterspaziergangs.
Sie brauchen dazu eine Wiese am
Abhang. Unten wird eine Linie
mit Zweigen oder Steinen mar-
kiert. Oben stellen sich alle Mitspieler auf und lassen ihr Ei den
Berg hinunterrollen. Der Spieler,
dessen Osterei am weitesten
rollt, hat gewonnen. Wessen Ei
die Zielmarkierung nicht
erreicht, muß ausscheiden. Die
anderen spielen weiter, bis als
letzter der Sieger übrig bleibt.
Falls das Wetter nicht mitspielt,
spielen Sie drinnen „Eierlaufen":
Auf zwei Tische legen Sie die
gleiche Menge bunter Ostereier.
Die Spieler werden in zwei Grup-
pen geteilt. Jeder Spieler nimmt
einen Löffel in den Mund und
transportiert die Eier vom einen
Tisch zum anderen. Natürlich
dürfen die Hände nicht benützt
werden, um die Eier auf den Löffel zu bekommen. Nur ein anderer Spieler darf dabei mit seinem
Löffel nachhelfen. Die Gruppe,
die den Transport am schnellsten
erledigt hat, bekommt den Sieges-
preis.
Beide Spiele habe ich mir nicht
selbst ausgedacht: Waleien ist ein

traditionelles Osterspiel der Sorben. Ihrer Herkunft nach sind die
Sorben Westslawen; vor etwa
einem Jahrtausend wurden sie
bei der Expansion des fränkischen
Reiches zum Christentum bekehrt
und in den entstehenden deutschen Staat eingegliedert. Sie
leben in der Lausitz zwischen
den Städten Cottbus und Bautzen
und haben – obwohl Minderheit –
eigene Sprache, Tracht, Kunst-
handwerk, Tänze und Bräuche
erhalten können.
Eierwalchen wird zuerst in
einem bayerischen Bericht von
1532 erwähnt. Noch heute
können Sie es am Ostermontag in
Naila nahe der Stadt Hof beobachten.
Eierlaufen kommt in ganz Europa
vor und wird von den Gemeinden organisiert. Es geht dabei um
eine Wette zweier Parteien, die
jeweils einen Spieler ernennen.
Auf dem Boden liegen in gerader
Linie und gleichmäßigem Abstand etwa hundert Eier – mal
mehr, mal weniger. Der eine
Spieler sammelt diese Eier ein-
zeln in einen Behälter, der am
Rand des Spielfelds aufgestellt ist.
Währenddessen muß sein Kontra-
hent eine bestimmte Wegstrecke
laufen – zum Beispiel ins Nach-
bardorf und wieder zurück.

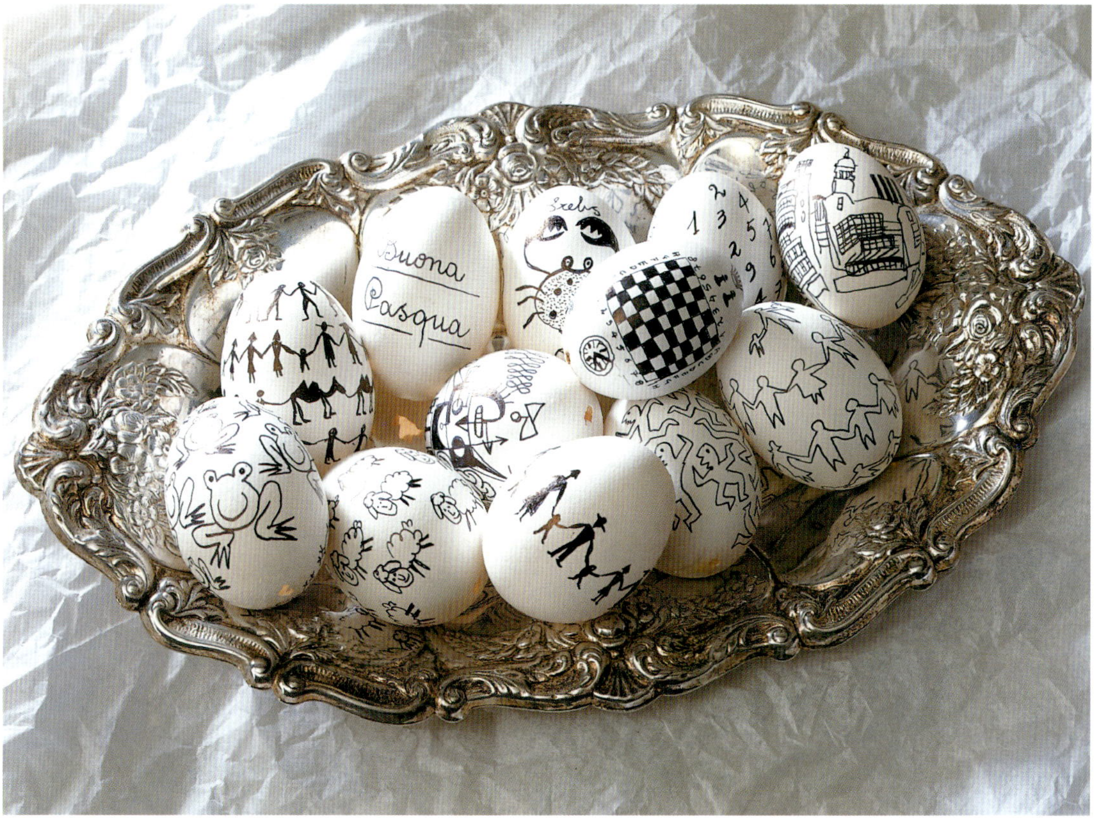
Buona
Pasqua

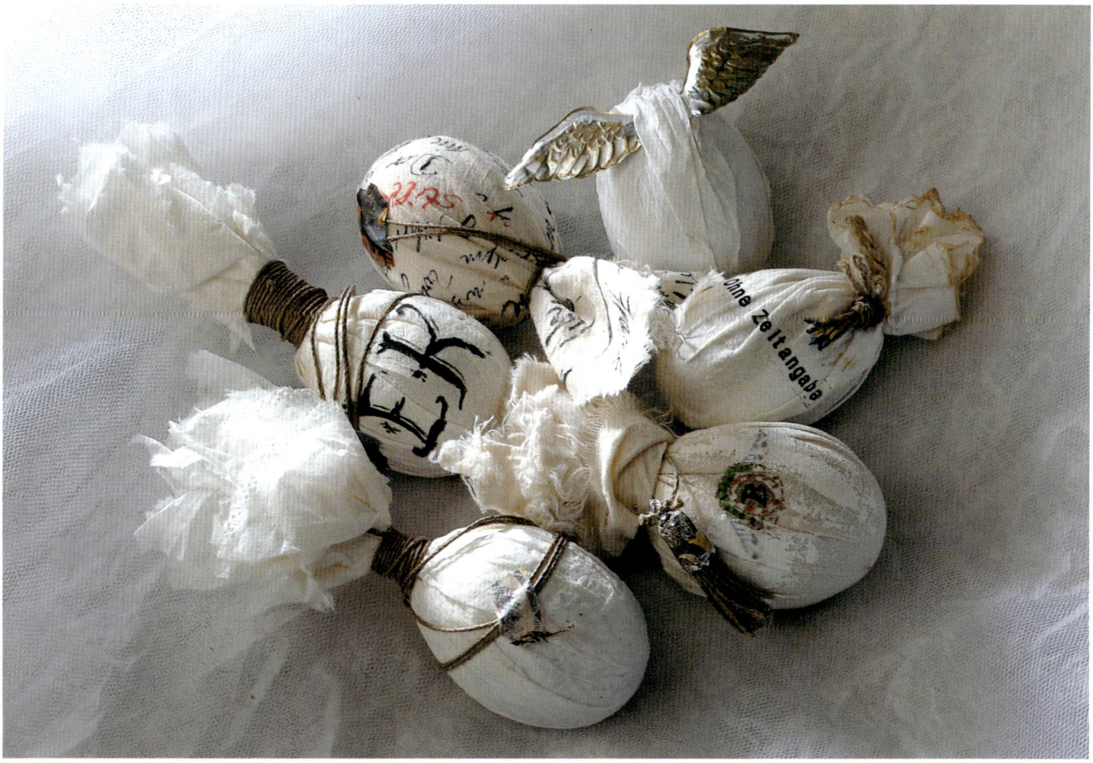
Zeitangabe

Natürliche Eierfarben: Blauholz und Rote Malve für Blautöne, die ins Rötliche spielen, Zwiebelschalen und Birkenblätter für Brauntöne, Brennessel für Frühlingsgrün, Krappwurz für Rot und Cochenille für Pink bis Violett.

Gewonnen hat, wer zuerst fertig ist – mit schnellem Laufen oder emsigem Eierklauben.
Je nach Region und Ort gibt es Varianten: Manchmal treten Clowns auf, die das Publikum ärgern. Manchmal gibt's als Abschluß des Ganzen ein gemeinsames Essen und Tanz.

Eier natürlich färben
Eierfärben stimmt auf Ostern ein, genau wie Plätzchenbacken auf Weihnachten. Besonders vergnüglich ist es mit selbstgebrauten Pflanzenfarben: Sie wissen nie ganz genau, ob Sie das Ei nun im gewünschten satten Rot oder in kitschigem Bonbonrosa aus dem Farbbad holen. Vergangenes Jahr habe ich Freunde zum Ostereier-

färbetag eingeladen. Zeitweise stieg die Stimmung wie beim Bleigießen an Silvester . . .
Vor dem Färben kochen Sie die Eier wie gewohnt hart. Geben Sie ins Kochwasser einen Schuß Essig, damit sich die Fettschicht auf der Schale löst und die Farbe eindringen kann.
Fast alle Farben gibt es in Ihrem eigenen Haushalt oder draußen in der Natur:
• Gelbe Eier bekommen Sie mit Zwiebelschalen, Kümmelkörnern, Gelbwurz und Kamille. Auch Safran macht bekanntlich „gel"; allerdings werden mit diesem teuersten Gewürz Ihre Ostereier ebenfalls ein bißchen teuer.
• Braun färben Sie mit Blättern von Birke und schwarzem Tee.

• Rot werden die Eier mit Krapp-wurz, Rote-Bete-Saft und Roter Malve, die Sie als „Malventee" kaufen können.

• Pink bis Violett färben Heidel-beeren, rosa Preiselbeeren; bei-des gibt es als Saft. Cochenille, ein der Mate ähnliches Gewächs, bekommen Sie wie Teeblätter zu kaufen.

• Grüne Eier entstehen im Bad aus getrockneten Spinat-, Peter-silie-, Brennessel- oder auch Efeu-blättern.

• Blau werden die Eier mit Holunderbeersaft oder mit Blau-holz, das vom mittelamerikani-schen Campechebaum stammt. Das blaue Farbpigment gewinnt man aus dem geraspelten, be-feuchteten Holz durch eine Art Gärung. Fragen Sie nach Färbe-mitteln in Drogerien, Apotheken, Naturkost- und Teeläden.

Säfte zum Färben nehmen Sie pur: in einem Topf erhitzen und heiß halten. Alle anderen Färbe-mittel müssen Sie erst mit einem Liter Wasser etwa 10 Minuten kochen. Dann absieben und den Sud heiß halten, aber nicht mehr kochen lassen, und einen Schuß Essig zufügen – das macht die Farben intensiver. Nun lassen Sie die Eier so lange im Sud ziehen, bis Ihnen die Farbe gefällt:

15 Minuten Farbbad geben zarte, 45 bis 60 Minuten kräftige Far-ben. Eier herausnehmen und nach dem Trocknen mit einer Speckschwarte oder einem Tropfen Öl einreiben, damit sie schön glänzen.

Eiermuster

Zuerst war es einfach Brauch, die Eier, die man zu Ostern ver-schenkte, zu schmücken. Liebes-paare verehrten einander richtige kleine Kunstwerke: Im Elsaß bemalten die Mädchen am Karfreitag die gefärbten Eier mit Rosen, Veilchen und Tulpen. Oder sie klebten Blumen und Blätter mit einem Tröpfchen Öl oder Eiweiß auf die ungefärbten Eier, umwickelten das Ganze mit dünner Gaze und kochten die Eier in einer Brühe aus Zwiebel-schalen. Die Umrisse der Pflan-zen zeichneten sich nun weiß auf dem zartbraunen Grund ab. In der Schweiz, in Griechenland und Lettland verwendete man auch Stoffschnipsel, Papier-stückchen oder Scherenschnitte. Dieses „Aussparen" war und ist noch heute eine der beliebtesten Schmucktechniken.
Populär waren auch sinnige Sprüche wie fürs Poesiealbum, die mit Scheidewasser auf die

Kunst am Ei in Reih und Glied.

Eskimo-Quartett auf Zwerghuhn-Eiern, ein Eierkunstwerk von Rita Veit.

bunten Eierschalen geschrieben wurden. Aus dem Jahre 1765 ist ein gläsernes Ei erhalten, das vermutlich ein Glaser für sein Mädchen mundgeblasen hat. Der Spruch drauf:

„Aus lauter Lieb und lauter Treu Schenk ich Dir dies Osterei."

Eine besonders merkwürdige Verzierung gab es um die Jahrhundertwende: Schmiedegesellen stanzten Sterne und Kreuzchen aus Weißblech und hefteten sie an Drahtnadeln, die auf der Eierschale befestigt waren.

In den Eiergaben steckt eine erstaunliche Menge an Zeit, Liebe und Kunstfertigkeit. Schließlich mußten die Menschen früher mindestens doppelt so viel arbeiten wie wir. Freizeit, wie wir sie heute kennen, gab es nicht. Und die Hilfsmittel waren äußerst begrenzt: Denken Sie nur mal an die Farben, die man nicht einfach im Supermarkt kaufen, sondern selber herstellen mußte. Allmählich entwickelte sich aus der bäuerlichen Eiermalerei eine regelrechte Volkskunst, die immer mehr Abnehmer fand. In Mähren zum Beispiel gab es Familien, die ihren Lebensunterhalt teilweise mit der Produktion von Schenk-Eiern bestritten. Sie kauften von den Bauern jährlich

Hunderte von Eiern und begannen bereits im Winter mit dem Bemalen.

Schmücken Sie Ostereier mal wie früher: Man verwendete nicht nur Hühner-, sondern auch Gänse- oder Enteneier, manchmal sogar die Eier von Tauben und Perlhühnern. Zunächst werden die Eier vorbereitet – ausgeblasen für aufgeklebte Muster aus Stroh, Stoff oder Binsenmark, steinhart gekocht für ausgekratzte Ornamente. Nach einer halben Stunde Garzeit sind Eiklar und Dotter so hart, daß auch beim jahrelangen Aufbewahren nichts mehr verderben kann. Und damit Sie das Ei beim Kratzen fest in die Hand nehmen können.

Doch zuerst werden die Eier tiefrot, violett, dunkelbraun oder schwarz gefärbt – auf dunklem Grund kommen die Verzierungen am besten zur Geltung. Mit einem Nagel oder einem Federmesser ritzen Sie nun Muster, Blumen, Blätter, Girlanden, Zweige, Ranken oder Rosetten in die Farbe. Ganz Geschickte bringen das Osterlämmchen samt Fahne und Frühlingsblumen zustande. Zum Schluß wird das Ei mit Klarlack eingepinselt.

Für aufgeklebte Ornamente werden die ausgeblasenen Eier vor-

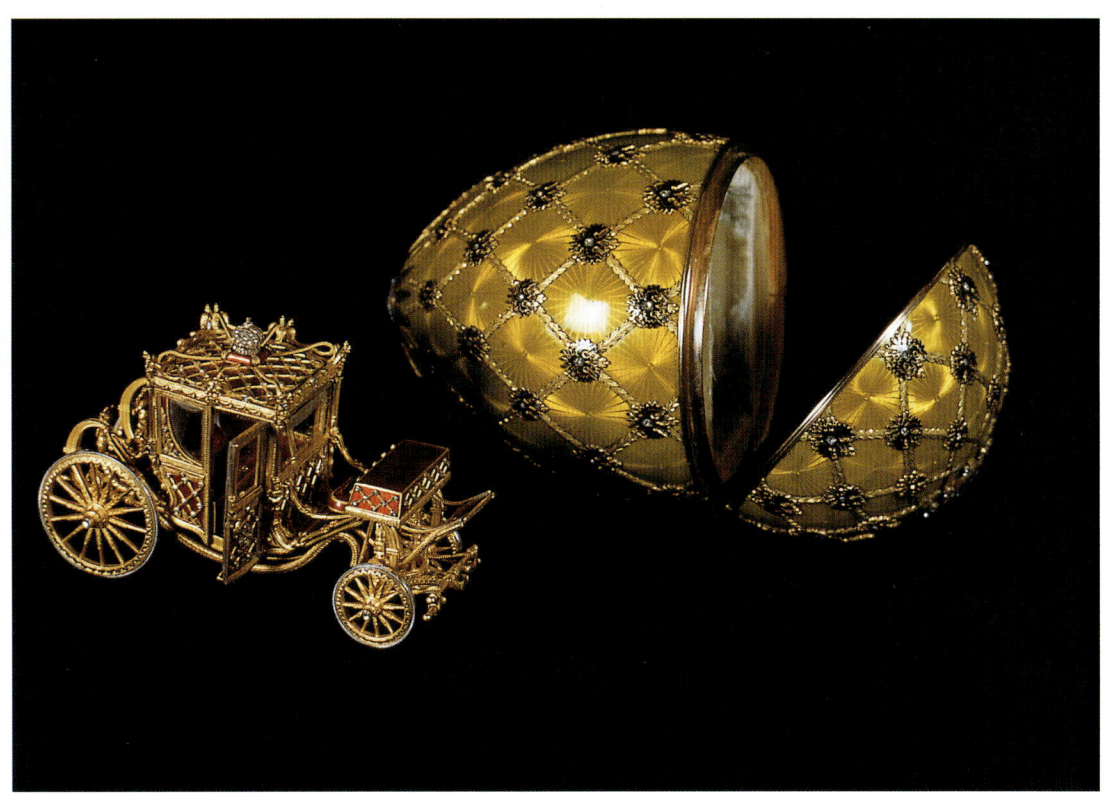

sichtig gefärbt. Trinkhalme aus
Stroh längs aufschneiden und in
heißem Wasser etwa 20 Minuten
geschmeidig werden lassen. Nun
mit dem Rücken eines kleinen
Messers so lange über die Innen-
seite des Strohhalms fahren, bis
das Stroh ganz glatt ist und sich
ringelt. Mit einer scharf geschlif-
fenen Schere oder einem Feder-
messer kleine Streifen, Rauten,
Kreise oder Quadrate schneiden.
Das vorbereitete Ei auf ein
Stöckchen stecken und mit dem
Stroh bekleben. Hübsch sind
Pflanzen, Blüten, Ähren und
Sterne, die man aus den einzelnen
Strohstückchen zusammensetzt.
Übrigens ist die „Kunst am Ei"
heute wieder sehr gefragt: In
Köln findet alljährlich eine Oster-

eierbörse statt, viele Städte und
Gemeinden veranstalten Oster-
märkte, auf denen moderne
KünstlerInnen ihre Kreationen
ausstellen. In Sonnenbühl, süd-
lich von Stuttgart, gibt es seit
1993 ein Osterei-Museum, in
dem Sie nicht nur Eier aus allen
Jahrhunderten und allen Ländern
sehen, sondern auch die traditionellen Verziertechniken kennen-
lernen können.

Juweleneier für den Zaren
Als Zar Alexander III. seiner
Gemahlin zu Ostern 1885 ein
goldenes Ei überreichte, folgte er
damit einer langen Tradition
höfischer Extravaganz. Schon im
18. Jahrhundert beschenkten sich
Fürsten und gekrönte Häupter

*Eines der berühmten
Fabergé-Eier: Gold und
Juwelen waren dem Genie
nicht genug. Immer
bargen die Ostereier für
den Zaren eine Über-
raschung – wie die winzige
Gala-Kutsche hier.*

*Solch kaiserliche Früh-
lingsgrüße machten Carl
Fabergé weltberühmt:
Eugenie, Napoleons III.
schöne Frau, Aga Khan,
ein indischer Mahara-
dscha, Herzöge, Grafen,
Industrielle, Parvenus,
kurz: alle Leute von Adel
und Geldadel kauften
Kunst und Kitsch bei
Fabergé.*

mit solch edlen Kostbarkeiten. Ludwig XVI., der glücklose Franzosenkönig, den sein Volk auf die Guillotine schickte, hatte seiner Tante ein Paar elfenbeinerne Ostereier verehrt. Vom Kaiserhof in Wien, vom Königshof in Dänemark sind ähnliche Kunstwerke erhalten. Auch Bayerns Märchenkönig Ludwig II., bekannt für seinen märchenhaft teuren Geschmack, legte seiner Mutter, Königin Marie, ein Ei ins Osternest – geschmückt mit Monogramm, Putten und Krone. Und in Rußlands feiner Gesellschaft trugen die Damen diamantenverzierte Schmuckeier an langen Ketten um den Hals.

Trotzdem war das Geschenk des Zaren etwas Besonderes. Nicht nur wegen seiner Kostbarkeit: Im Inneren eines opak weiß emaillierten Eies saß ein goldenes Hühnchen mit Augen aus Rubinen. Es enthielt eine winzige Kaiserkrone aus Diamanten und einen eiförmigen Rubinanhänger. Außergewöhnlich war auch der Schöpfer: Carl Fabergé, Deutscher mit französischen Vorfahren, 1846 in Petersburg geboren, als Goldschmied in Frankfurt, London, Paris und Florenz ausgebildet, lebte seit 1870 wieder in Petersburg. Dort übernahm er die

Goldschmiedewerkstatt seines Vaters. Mit seinem jüngeren Bruder Agathon, der 1882 in die Firma eintrat, gewann er einen genialen Juwelier und Designer. Fabergés Erfolg beruhte auf neuen Ideen: Er fertigte elegante, handwerklich schöne und technisch vollkommene Schmuckstücke und mied den überladenen Pomp seiner Kollegen. Den kaiserlichen Auftraggeber, Zar Alexander III., begeisterte das kunstvolle Osterei so, daß er jedes Jahr eines haben wollte. Weitere 55 folgten, von denen noch 47 existieren. Damals wie heute waren sie von fast unschätzbarem Wert: Etwa 30 000 Rubel kostete den Zaren das Stück, 1,76 Millionen Dollar zahlte ein Käufer im Jahre 1985.

Sein kaiserlicher Gönner verhalf Carl Fabergé zu Welt- und Nachruhm: 1885 bekam er den begehrten Titel eines kaiserlichen Hofgoldschmiedes verliehen. Er sammelte internationale Auszeichnungen, erhielt 1904 eine Einladung an den Hof von Siam, dem heutigen Thailand, hatte Bewunderer an allen Höfen Europas; 1897 wurde er zum Hofgoldschmied von Schweden und Norwegen ernannt. Seinen internationalen Ruhm verdankte

er seinem Können und der Tatsache, daß alle Höfe Europas miteinander verwandt waren. Die Gunst der Zarin Marie Feodorovna brachte ihm auch die ihrer gekrönten Geschwister ein, der Königin von England, der Könige von Dänemark und Griechenland. Und als ihr Sohn Nikolaus II. den Zarenthron bestieg, verbreiteten die vielen zahlungskräftigen Gäste aus dem Ausland Fabergés Ruhm über ganz Europa. Schließlich wurden so illustre Personen wie die Herrscher von Bulgarien, Italien, Portugal, Rumänien und Spanien Fabergés Kunden. Nikolaus II. war ein bißchen verschwenderischer als sein Vater und verschenkte zu Ostern je zwei Juweleneier: eines für die alte, eines für die neue Zarin.

Immer bargen die Eier eine Überraschung. Mal stellte Fabergé die Weltumsegelung des Zarewitsch dar, mal die Krönungsfeierlichkeiten, mal die Einweihung der Transsibirischen Eisenbahn, mal Lieblingsschlösser der Romanovs. Die Eier des Jahres 1917 waren die letzten; sie wurden wegen der Gefangennahme der Zarenfamilie nicht mehr geliefert. Der Erste Weltkrieg zerstörte Fabergés Imperium, denn es gab niemanden mehr, der seine Schätze kaufen konnte. Schließlich zog er mit seiner Frau nach Lausanne, wo er am 24. September 1920 starb.

Eier mit Ente – nicht ganz so kostbar wie bei Kaisers, dafür höchst edel und elegant arrangiert sind die echten und künstlichen Eier. Mit Osterdekorationen läßt sich so eine festliche Stimmung schaffen wie mit dem Christbaum an Weihnachten.

Schöner Schmuck für Ihren Ostertisch

Das Ei als Fläche für geometrische Phantasien in Gold, Rot und Blau.

Bunte Frühlingsblumen, Eiernestchen als Tischkarten oder edle Ranken und Zweige für die große Tafel – die besten Ideen für Osterschmuck habe ich gesammelt. Die originellste stammt von einer Griechin, und ich erzähle sie Ihnen, ganz wie sie mir erzählt worden ist: Einst, lange vor dem Christentum, verehrten die Griechen einen wunderschönen Jüngling als Gott. Ádonis nannten sie ihn, Aphrodite, die Göttin der Liebe und Schönheit, war seine Gefährtin. Auch Persephone – ursprünglich wie ihre Mutter Demeter eine Göttin des Wachstums, später aber Gemahlin des Gottes der Unterwelt – hatte ein Auge auf den lieblichen Knaben geworfen. Zeus entschied, daß Ádonis ein Drittel des Jahres mit Aphrodite, ein zweites Drittel mit Persephone und das letzte Drittel mit sich alleine verbringen sollte. Doch wie so mancher Schiedsspruch des Göttervaters wurde auch dieser unterlaufen, und zwar von Ádonis selbst. Den Jüngling zog es nämlich ganz gewaltig zur Liebesgöttin hin. Das kostete ihn das Leben: Ein ungeheures Wildschwein stürmte das Liebesnest der beiden und zermalmte den Ádonis. Über die Identität des wilden Ebers gibt es verschiedene Ansichten. Manche meinen, es sei Ares, Kriegsgott und Aphrodites eifersüchtiger Geliebter, gewesen. Die anderen halten das Tier für eine Verkleidung von Hephaistos, des noch viel eifersüchtigeren Ehemannes der Liebesgöttin. Natürlich lebte Ádonis irgendwie weiter – schließlich zählte er selbst zu den Unsterblichen und hatte eine Göttin als Gönnerin. Zuerst ließ Aphrodite aus seinem Blut Adonisröschen wachsen. Dann überredete sie Persephone, die als Herrscherin der Unterwelt dafür zuständig war, Ádonis jedes Jahr für vier Monate auf die Erde zurückkehren zu lassen. Wann? Natürlich im Frühjahr! Deshalb wurde der schöne Jüngling zum Sinnbild des Frühlingserwachens der Natur wie auch zum Symbol ihres Sterbens im Herbst. Zu seinen Ehren pflanzen griechische Frauen in der vorösterlichen Fastenzeit das Adonis-Gärtchen: Linsen, Getreidekörner, Alfalfa, Sonnenblumenkerne werden gesät und bilden zu Ostern einen wunderschönen zartgrünen Rasen für den Ostertisch – für gefärbte Eier, Schokoladenosterhasen und gelbe Zuckerküken, oder als kleine weiche Wiese in der Wohnung für Frühlingsblumen und Ostergestecke.

Adonis-Gärtchen pflanzen

Besorgen Sie sich je eine Handvoll Weizen-, Gersten-, Hafer- und Roggenkörner, Linsen, Alfalfasamen und Sonnenblumenkerne. Zuerst geben Sie die Samen in zwei oder drei (Einmach-)Gläser, die Sie oben mit Verbandmull und einem festsitzenden Gummiband verschließen. Gläser mit warmem Wasser füllen und die Samen etwa sechs Stunden quellen lassen. Dabei nehmen sie so viel Flüssigkeit auf, daß der Keimprozeß beginnt. Die Gläser nun im Spülbecken umstülpen und umgekehrt leicht geneigt stehen lassen, bis das Wasser ganz abgelaufen ist.

Nun geben Sie in eine flache Schale, auf ein Backblech oder ein Tablett entweder eine dicke Lage saugfähiges Küchenpapier, Watte oder eine zweifingerhohe Schicht Blumenerde. Darauf breiten Sie die Samen so aus, daß sie möglichst nebeneinanderliegen. An einen warmen, hellen Platz stellen, täglich vorsichtig gießen und zusätzlich mit dem Wäschesprenger benetzen.

Die Samen dürfen weder zu trocken noch zu feucht sein, damit sie gut keimen und nicht schimmeln. Nach etwa drei Wochen ist das Adonis-Gärtchen, der frühlingsgrüne Ostergruß aus Griechenland, fertig.

Ein russisches Osterfrühstück mit Blini und Räucherlachs (vorne links), Pirogge (Mitte links) und „Manty", Teigtäschen aus Usbekistan mit einer Füllung aus Fleisch, Zwiebeln und Kräutern (hinten links). Als Schmuckstücke prangen Krimsekt im Kühler, Samowar und Pas'cha, der süße, russische Osterquark (rechts) auf der Tafel.

Auf selbst gesammeltes Moos oder eine frühlingsbunte Tischdecke kommt jede Menge Buntes: lustiges Geschirr, gefärbte Ostereier, Häschen, die sich im Adonis-Gärtchen tummeln.

Der Ostertisch, den Kinder mögen

Nehmen Sie eine möglichst bunte Decke für den Tisch – Stoffe gibt es oft sehr preiswert in großen Warenhäusern zu kaufen. Oder Sie bemalen ein einfaches weißes Bettlaken mit Häschen, Eiern oder Blumen. Schablonen dazu finden Sie vor Ostern in fast allen Frauenzeitschriften.

Für die phantasievollen Kinder ist es am schönsten, wenn sie bei solchen Vorbereitungen mitwirken dürfen.

Auf den Tisch kommen dann jede Menge Schokoladenhasen, je bunter und kitschiger, desto besser. Dazu Zuckereier, selbst gefärbte Ostereier – vielleicht im Adonis-Gärtchen?

Der Tisch für das Frühlings-Frühstück

Er prangt in den Frühlingsfarben gelb, weiß und grün. Legen Sie eine gelbe oder weiße Tischdecke auf und verteilen Sie darauf Grünes: Hübsch, preiswert und ganz leicht zu bekommen ist krause Petersilie. In einer niedrigen Vase arrangieren Sie Narzissen, Osterglocken und Birkenzweige – vor allem in Rußland ist die Birke Symbol des Frühlings und der jungen Mädchen. Schwämme zum Feststecken der Blüten und Zweige bekommen Sie beim Blumenhändler. Und in die Mitte stellen Sie den Korb mit buntgefärbten Ostereiern, aus dem sich jeder nach Lust und Laune bedienen kann.

Der edle Tisch für das große Osterfest

Wählen Sie ein weißes Tischtuch und legen Sie eine flache Schale aus Glas oder weißem Steingut mit Spinatblättern oder selbstgesammeltem Moos aus. Weiße und braune Eier hart kochen, mit einem Tropfen Öl einreiben. Die Eier ordnen Sie auf dem grünen Polster an. Den Tisch können Sie außerdem verzieren mit zarten Kräuterblättchen und getrockneten Blumen aus dem letzten Strauß; zum Trocknen eignen sich besonders gut Rosen, Mimosen, Ginster und Veilchen. Witzig als Tischkarten: Stellen Sie in Eierbecher ausgeblasene Eier, auf die Sie den Namen Ihres Gastes geschrieben haben.

Der Tisch fürs Familienfrühstück

Die Tischdecke kann leuchtend bunt oder auch zart pastellfarben sein – beides paßt zu Frühling und Fest. Die Frühstückseier stehen heute mal nicht im Eierbecher, sondern in selbstgebackenen Nestchen (Rezept Seite 128) oder in einem großen Osterkranz. Der Korb mit geweihtem Brot und Schinken bildet den Mittelpunkt. Und das gebackene Osterlamm im Adonis-Gärtchen oder eine Schale mit Schlüsselblumen, Schneeglöckchen und Mini-Tulpen schmückt die Tafel noch mehr.

Ein Tisch der edelsten Art für Ihr Ostermenü. Vorschläge für Speisenkombinationen finden Sie auf Seite 189.

ALTES UND NEUES
AUS DER FASTENKÜCHE

BUNTE GEMÜSESUPPE MIT CROÛTONS

1 große Stange Porree
350 g Möhren
1 Petersilienwurzel
250 g Knollensellerie
1 große Fenchelknolle
1 Zwiebel
1 Knoblauchzehe
1 Bund Petersilie
je 2 Zweige Rosmarin und
Salbei
5 EL Sonnenblumenöl
1 TL getrockneter Thymian
1 TL weiße Pfefferkörner
1 Lorbeerblatt
2 Wacholderbeeren
1 Liter Wasser
Salz
4 Scheiben Vollkornbrot
1 Bund Schnittlauch

Porree putzen und waschen, Möhren, Petersilienwurzel und Sellerie schälen. Fenchelknolle halbieren, Strunk keilförmig herausschneiden, Hälften waschen. Alle diese Gemüse möglichst fein zerkleinern. Zwiebel und die Knoblauchzehe hacken. Petersilie, Rosmarin und Salbei waschen, trockentupfen und fein zerkleinern.

In einem großen Topf 1 Eßlöffel Öl erhitzen. Alle zerkleinerten Zutaten darin bei mittlerer Hitze unter Rühren etwa 3 Minuten schmoren. Thymian, Pfefferkörner, Lorbeerblatt, Wacholderbeeren und Wasser zugeben und einmal aufkochen. Brühe salzen und zugedeckt bei schwacher Hitze 30 Minuten kochen lassen. Ein Sieb mit einem Mulltuch auslegen. Die fertige Gemüsebrühe durch das Sieb in einen anderen Topf gießen. Die Gemüse und die Kräuter mit einem Holzlöffel ausdrücken und wegwerfen.

Brot würfeln und im restlichen heißen Öl bei schwacher bis mittlerer Hitze unter mehrmaligem Wenden knusprig braten. Schnittlauch waschen, trockentupfen und in feine Röllchen schneiden. Gemüsebrühe aufkochen und in heiße Teller geben. Brot und Schnittlauch darüber verteilen.

Fastensuppe, Wassersuppe oder Erbsenbrühe nannte man früher, wenig einladend, die kargen Süppchen, die den Christen während der mehr als hundertdreißig Fastentage im Jahr erlaubt waren. Mit Knoblauch und Kräutern, Gewürzen und gutem Öl veredelt, sind sie heute wieder „in". Frisch gekochte Gemüsebrühe, in der vegetarischen und in der vollwertigen Ernährung seit jeher Grundlage für Suppen und Saucen, gilt nun auch in der feinen Küche als leichte, gesunde Alternative zu Fleisch- oder Geflügelbrühe.

Die Brühe können Sie auf Vorrat zubereiten und portionsweise einfrieren. Im Kühlschrank hält sie sich festverschlossen höchstens drei Tage. Wem Selberkochen zuviel Arbeit macht: In Reformhäusern und Naturkostläden gibt es sehr gute Instant-Brühe zu kaufen.

GRÜNKERNSUPPE

50 g Grünkernschrot
3/4 Liter Gemüsebrühe
(Instant oder nach dem
Rezept von Seite 64)
1 kleines Bund Schnitt-
lauch
1/8 Liter Milch
50 g Crème fraîche
Salz
weißer Pfeffer
geriebene Muskatnuß

Grünkernschrot in einen Kochtopf geben und unter Rühren bei
mittlerer Hitze rösten, bis er
duftet. Brühe unter kräftigem
Rühren nach und nach hinzu-
gießen. Die Suppe unter weiterem
Rühren aufkochen, bis sie ganz
glatt und sämig ist. Zugedeckt bei
schwacher Hitze 20 Minuten
garen. Dabei immer wieder umrühren, damit das Schrot nicht
am Topfboden hängenbleibt.
Während die Suppe kocht, Schnittlauch waschen, trockentupfen
und in feine Röllchen schneiden.
Milch und Crème fraîche in die
Suppe geben, bis knapp unter den
Siedepunkt erhitzen und dabei
mit einem Schneebesen kräftig
durchschlagen. Suppe mit Salz,
Pfeffer aus der Mühle und Muskatnuß würzen und mit Schnittlauch
bestreut anrichten.

Eine typische Fastensuppe, allerdings nach unserem Geschmack mit Crème fraîche und kräftigem Schnittlauch verfeinert. Früher hat man sie mit einer Brühe aus Gemüse und Erbsen gekocht. Das machte durchaus Sinn: Die Hülsenfrüchte lieferten Eiweiß – wichtig beim Fasten, wenn man auf Milchprodukte und Eier verzichtete. Eiweißreicher Fisch war als Fastenspeise zwar jedem erlaubt, aber nicht einfach zu bekommen: Salzhering, Stockfisch und den einst sehr preiswerten Lachs gab es fast nur für die Leute in den Städten zu kaufen. Und das waren bis weit ins 19. Jahrhundert ganze zehn Prozent der Bevölkerung. Alle anderen lebten auf dem Land.

BROTSCHNITTEN MIT KÄSECREME

½ Bund Petersilie
1 Ecke Kräuterschmelzkäse
100 g geriebener Emmentaler Käse
weißer Pfeffer
8 Scheiben Kastenweißbrot (je ½ cm dick)
½ Liter Milch
2 Eier
50 g Paniermehl (Semmelbrösel)
Öl oder Butterschmalz zum Braten
Petersilie und Zitrone zum Garnieren

Petersilie fein hacken. Mit Schmelzkäse, Emmentaler und einer kräftigen Prise Pfeffer vermischen. Käsecreme auf vier der Brotscheiben glattstreichen. Die restlichen Brotscheiben darauflegen und leicht andrücken.

Milch mit Eiern in einem Teller verquirlen. Semmelbrösel auf einen Teller geben.

Fett in einer Pfanne erhitzen. Brotschnitten zuerst in der Eiermilch, dann in den Semmelbröseln wenden. Im heißen Fett bei mittlerer Hitze pro Seite etwa 5 Minuten goldbraun braten.

Mit Petersiliensträußchen und Zitronenschnitzen garniert auf heißen Tellern anrichten. Dazu paßt grüner Salat, Gurken- oder Tomatensalat.

In meiner Kindheit hatten fleischlose Tage nichts mit einem geschärften Bewußtsein für Gesundheit oder Umwelt zu tun, sondern nur mit dem schmalen Budget. Weil sie nichts Besonderes waren, hatte ich auch die gebackenen Käseschnitten vergessen, die es bei uns häufig mit Tomatensalat gab.

Als ich mich später beruflich mit vegetarischer Ernährung und mit der Geschichte des Essens beschäftigte, stieß ich wieder darauf – in einem Buch über Klosterküche. Ich habe dieses Rezept der Karmelitinnen gemixt mit dem Gericht aus meiner Kindheit.

RAVIOLI MIT KRÄUTERN UND RICOTTA

Für 6 Personen

Für den Nudelteig:
400 g Mehl
1 TL Salz
3 Eier (Gewichtsklasse 2,
je 65 g)
2 Eigelbe
1 EL kaltes Wasser
2 EL Olivenöl

Für die Füllung:
50 g Parmesankäse
1 kleine Zwiebel
100 g gemischte frische
oder 2 Päckchen gemischte
tiefgefrorene Kräuter
100 g Ricottakäse
1 Eiweiß
Salz, weißer Pfeffer

Zum Ausrollen: Mehl

Zum Anrichten:
100 g Parmesankäse
50 g Butter

Für den Nudelteig: Mehl, Salz, Eier, Eigelbe, Wasser und Öl zu einem glatten Teig verkneten. Zugedeckt bei Zimmertemperatur 1 Stunde ruhen lassen. Inzwischen für die Füllung Parmesankäse, geschälte Zwiebel und die gewaschenen, gut trockengetupften Kräuter im Blitzhacker fein zerkleinern. Mit Ricotta und dem Eiweiß verrühren, pikant mit Salz und Pfeffer würzen. Den Teig portionsweise in der Nudelmaschine oder auf wenig Mehl sehr dünn ausrollen und zu etwa 12 cm breiten Streifen schneiden. Die Füllung mit 2 Teelöffeln auf die eine Hälfte der Streifen setzen. Dabei am Rand jeweils etwa 2 cm, zwischen den Häufchen etwa 3 cm Abstand lassen. Die anderen Teigstreifen darüberlegen. Ravioli mit einem Teigrädchen ausschneiden. Teigreste wieder zusammenkneten, ausrollen und ebenso verarbeiten.
Den Parmesankäse zum Anrichten reiben. Butter zerlassen und nach Wunsch leicht bräunen. In einem großen Topf reichlich Wasser mit Salz zum Kochen bringen. Ravioli darin bei starker bis mittlerer Hitze etwa 4 Minuten kochen lassen. Mit einem Schaumlöffel herausnehmen und gut abgetropft auf heißen Tellern anrichten.
Butter und Parmesan darüber verteilen und sofort servieren. Dazu passen gemischter Salat oder geschmorte Pilze.

Ravioli selbermachen ist leichter, als Sie vielleicht denken. Wichtig sind wirklich dünne Teigplatten und die gelingen am besten mit der Nudelmaschine: Ein Stück Teig bei breitem Walzenabstand durchdrehen, zweimal quer falten und nochmal durchdrehen. Jetzt den Walzenabstand nach und nach verringern, bis die Platte dünn ist. Auch die Abstände beim Füllen sind wichtig, denn die Käsecreme dehnt sich beim Garen aus, so daß zu pralle Ravioli aufplatzen könnten. Ravioli auf Vorrat halten sich in einem kühlen Raum zwei Tage. Legen Sie die Teigtäschchen nebeneinander, damit sie nicht zusammenkleben. Und breiten Sie ein Tuch darüber aus, damit sie nicht trocken werden.

SPINATOMELETT

300 g tiefgefrorener,
grobgehackter Blattspinat
1 altbackenes Brötchen
75 g Parmesankäse
75 g Butterschmalz
Salz
weißer Pfeffer
geriebene Muskatnuß
4 Eier

Übrigens:
Spinat verdanken wir den Arabern: Vielleicht importierten ihn die Mauren ins eroberte Spanien. Von dort kam er im Laufe der Zeit durch Reisende nach Deutschland. Vielleicht brachten ihn auch die Kreuzfahrer gleich zu uns nach Mitteleuropa. Jedenfalls gehörte er bald zu den Gründonnerstagskräutern und wächst seit dem 16. Jahrhundert als beliebte Gemüsepflanze in den Gärten.

Spinat auftauen lassen. Brötchen und Parmesankäse fein reiben. Butterschmalz in einer großen Pfanne zerlassen. Pfanne von der Kochstelle nehmen. 3 Eßlöffel flüssiges Butterschmalz in eine Schüssel geben, Spinat, Brötchen, Käse, Salz, Pfeffer und Muskat untermischen. Eier unterrühren. Pfanne wieder auf die Kochstelle setzen, Butterschmalz wieder erhitzen. Omelettmasse in die Pfanne gießen und zugedeckt bei mittlerer Hitze etwa 10 Minuten backen, bis sie gestockt und an der Unterseite gebräunt ist.
Mit dem Pfannenmesser in vier Stücke teilen, wenden und etwa 2 Minuten backen. Auf heißen Tellern anrichten. Dazu passen Salat und Brot.

Das Rezept für das saftige Spinatomelett hat Sabina Welser in ihr 1553 begonnenes Kochbuch geschrieben. Die Welser waren übrigens so berühmte und reiche Augsburger wie die Fugger: Bartholomäus Welser (1484–1561) lieh Karl V. eine Menge Geld, damit dieser seine Wahl zum Kaiser finanzieren konnte – mit guten Worten allein ließen sich die Kurfürsten nicht überzeugen. Philippine Welser heiratete 1557 den Neffen des alten und Sohn des neuen Kaisers, Erzherzog Ferdinand von Österreich. Und obwohl der Kaiser über die Mesalliance seines Sprößlings höchlichst empört war, fand die Romanze zwischen Augsburg und Habsburg ein Happy-End. Hundertzwanzig Jahre zuvor hatte eine andere Augsburgerin, Agnes Bernauer, für ihre Liebe zu einem Wittelsbacher Fürstensohn mit dem Leben bezahlt.

FASTENKOTELETTS MIT SELLERIE-JOGHURTSAUCE

Für die Koteletts:
2 Dosen weiße Bohnen
(Füllmenge je 400 g)
1 Bund Suppengrün
1 Bund Petersilie
50 g Nußkerne
1 Zwiebel
1 Knoblauchzehe
1 Ei
Salz
Cayennepfeffer
4 EL Öl

Für die Sauce:
400 g Stangensellerie
1 Bund Dill
300 g Magerjoghurt
100 g Crème fraîche
1 TL Zitronensaft
Salz
weißer Pfeffer
Cayennepfeffer

Für die Koteletts: Bohnen auf einem Sieb abtropfen lassen. Suppengrün und Petersilie waschen und grob zerkleinern. Mit Bohnen und Nüssen im Blitzhacker pürieren. Zwiebel und Knoblauchzehe schälen und fein hacken. Beide Zutaten mit Ei, Salz und Cayennepfeffer unter das Bohnenpüree mischen. Teig durchkneten, bis er wie Frikadellenteig bindet.
Entweder 8 „Koteletts" oder 12 Frikadellen formen und portionsweise im heißen Öl bei mittlerer Hitze pro Seite etwa 4 Minuten braten. Herausnehmen und im Backofen bei 50 °C warm halten.
Für die Sauce: Selleriestangen putzen, waschen und fein zerkleinern. Dill hacken. Beide Zutaten mit Joghurt und Crème fraîche mischen, mit Zitronensaft, Salz und beiden Pfeffersorten abschmecken. Diese Sauce zu den Fastenkoteletts servieren. Dazu paßt außerdem Kartoffelsalat.

Immer haben Menschen ohne Fleisch gegessen. Auch heute verzichten viele von uns freiwillig – weil sie nicht einverstanden sind mit der Inhumanität moderner Massentierhaltung, mit der Umweltbelastung durch zuviel Gülle und der Verschwendung von pflanzlichen Nahrungsmitteln für die Tiermast. Oder, weil wir so reichlich zu essen haben, daß wir auch an unsere Gesundheit denken können und müssen.
Trotz alledem ist Fleisch für uns so wichtig, daß wir nicht ganz auf seinen Geschmack verzichten mögen: Deshalb sind gute Instant-Gemüsebrühen so gewürzt, daß man sie kaum von Fleischbrühen unterscheiden kann. Es gibt Sojawürstchen und vegetarische Brotaufstriche, die wie Leberwurst oder Schinkenpaste schmecken. Früher war das genauso: Köche konnten mit zerkleinerten Pilzen, Erbsenbrei, Bohnenmus und Fischpüree die Illusion von Fleisch erzeugen. Beispiel und Beweis dafür sind diese Fastenkoteletts aus Bohnen, Nüssen und Gewürzen.

Ganz falscher Hase

Für 4–6 Personen

200 g Grünkern
knapp ½ Liter Wasser
200 g Hirse
1½ altbackene Vollkorn-
brötchen
1 große Zwiebel
je 1 Bund Petersilie und
Schnittlauch
200 g Magerquark
Saft und abgeriebene Schale
von ½ unbehandelten
Zitrone
3 Eier
50 g geriebener Käse
1 EL Kapern
Salz
weißer Pfeffer
Cayennepfeffer
½ TL gemahlener
Koriander
1–2 EL Mehl
50 g zerlassene Butter
400 ml Gemüsebrühe
(Instant)
100 ml süße Sahne
1 TL edelsüßes Paprika-
pulver

Tip:
Was übrig bleibt, schmeckt
gut als vegetarische Ham-
burger: Aufgeschnittene
Brötchen mit Salatblättern,
Zwiebelringen, Essig-
gurkenscheiben, Tomaten,
Ketchup und Scheiben
vom ganz Falschen Hasen
füllen.

Grünkern mit Wasser aufkochen und zugedeckt bei schwacher Hitze 20 Minuten kochen. Hirse zugeben, erneut aufkochen und alles weitere 40 Minuten garen. Auf der abgeschalteten Kochstelle 1 Stunde quellen und dabei erkalten lassen.
Brötchen in warmem Wasser einweichen und wieder gut ausdrücken. Zwiebel, Petersilie und Schnittlauch fein hacken. Alle diese vorbereiteten Zutaten mit Quark, Zitronensaft und -schale, Eiern, Käse und Kapern mischen, mit Salz, Pfeffer, Cayennepfeffer und Koriander kräftig würzen. So viel Mehl untermischen, daß der Teig wie Frikadellenteig bindet. Die Butter in eine flache ofenfeste Form gießen. Teig in die Form geben. Hände in kaltes Wasser tauchen und den Teig wie einen Falschen Hasen formen. Gemüsebrühe um den „Braten" gießen. Form in den kalten Backofen (untere Schiene) schieben. Ofen auf 200 °C (Umluft 180 °C, Gas Stufe 4) schalten. „Braten" 40 Minuten backen, dabei mehrmals mit der Mischung aus Butter und Brühe in der Form beschöpfen, damit er schön saftig bleibt. Sahne mit Paprika verrühren und um den „Braten" gießen, Bratfond damit lösen. Den „Braten"

weitere 10 Minuten schmoren. Dazu paßt Salat.

E in Hasenbraten ist bekanntlich „falsch", wenn er aus Hackfleisch besteht. Solche Braten gibt es schon sehr lange: Im Mittelalter hießen sie „holbraten" und wurden am Spieß oder auf dem Rost gegart.
„Ganz falsch", denn rein vegetarisch, ist dieser „Hase". Und er ist keine Erfindung der modernen Vollwertküche, sondern eine Fastenspeise mit langer Tradition. Köche in großen Häusern formten die Masse, die auch Fisch enthalten konnte, so kunstfertig, daß selbst während der fleischlosen Zeit die beliebten Hasen, Rehe und Spanferkel auf den Tischen prangten – zum Schein.

GEBACKENE KÄSESTREIFEN MIT FRÜHLINGSSALAT

Für die Käsestreifen:
100 g Emmentaler
150 g Mehl
Salz
Cayennepfeffer
etwa 50 ml Milch

Zum Ausrollen: Mehl

Für den Frühlingssalat:
300 g weißer Rettich
300 g Möhren
1 Bund Radieschen
2 säuerliche Äpfel
3 EL milder Essig
Salz
weißer Pfeffer
100 g Sahnejoghurt
2 EL Distelöl
2 EL gehackte Kräuter

Zum Ausbacken: 1 Liter Öl

Tip:
*Wer Fritiertes nicht mag,
kann die Streifen backen:
locker auf ein ungefettetes
Backblech geben – sie
dürfen sich berühren und
sogar übereinander liegen.
Blech in den kalten Ofen
schieben und die Streifen
bei 200 °C (Umluft 180 °C,
Gas Stufe 4) 15 bis 20 Minuten backen, bis sie hellbraun sind.*

Für die Käsestreifen: Emmentaler entrinden und im Blitzhacker fein zerkleinern. Mit Mehl, Salz, Cayennepfeffer und Milch vermischen und kräftig durchkneten, bis ein Teig entstanden ist, der nicht klebt und sich gut ausrollen läßt. Gegebenenfalls tropfenweise Milch zugeben. Teig in 3 Portionen teilen und jeweils auf wenig Mehl etwa 3 mm dick ausrollen. Platten wie breite Nudeln schneiden und zugedeckt ruhen lassen, bis der Salat zubereitet ist.
Für den Salat: Rettich und Möhren schälen und raspeln. Radieschen in dünne Scheiben schneiden. Äpfel vierteln, schälen, vom Kerngehäuse befreien und raspeln.
Für die Salatsauce Essig mit Salz, Pfeffer, Sahnejoghurt und Öl verrühren. Salat mit der Sauce vermischen und mit den Kräutern bestreut auf Tellern anrichten.
Öl in einer Friteuse oder einem hohen Topf erhitzen. Käsestreifen darin portionsweise je knapp 2 Minuten ausbacken, bis sie goldbraun sind. Mit einem Schaumlöffel herausnehmen, auf eine mit Küchenkrepp ausgelegte Platte geben und im Backofen bei 50 °C warm halten, bis alle Streifen gebacken sind.

*Der Salat gehört zu meinem Frühlingsküche-Fundus, die Käsestreifen dazu sind ein altes Fastengericht, das ich einem Bestseller von 1531 entnommen habe. Dieses Buch mit dem umständlichen Titel „Von speisen, natürlichen vnd kreuter wein, aller verstandt" beweist, daß es für den Erfolg eines Kochbuchs noch nie der Originalität bedurfte: Der größte Teil des Inhalts stammt aus der erfolgreichen „Küchenmeisterei" von 1495, der Text ist moderner und wird aktualisiert durch ein umfangreiches Wein-Kapitel. Der Titel erhält seine Zugkraft durch die Namen von vier berühmten Autoren, die mit dem Buch gar nichts zu tun haben!
Christian Egenolff (1502–1555), der Verleger, ein ebenso gebildeter wie geschäftstüchtiger Mann, setzte zeit seines Lebens auf die kluge Verbindung von Kommerz und Kultur: Er finanzierte mit seinen Verkaufsschlagern die Publikation wissenschaftlicher Literatur.*

Eierkuchen mit Pilzen und Kräutern

Für den Teig:
200 g Mehl
Salz
½ Liter Wasser
4 Eier

Zum Backen:
⅛ Liter Öl

Für die Füllung:
300 g Austernpilze
300 g Champignons
1 große Zwiebel
1 EL Butter
⅛ Liter Brühe
100 ml süße Sahne
3 EL gehackte, gemischte Kräuter (oder Petersilie)
2 EL Zitronensaft
Salz
weißer Pfeffer

Für den Teig: Das Mehl mit Salz und Wasser verrühren. Die Eier nacheinander daruntermischen. Nacheinander im heißen Öl zwölf Eierkuchen backen und warm halten, bis die Füllung zubereitet ist, vom Öl einen Eßlöffel für die Füllung übrig behalten.

Für die Füllung: Pilze putzen, Austernpilze in feine Streifen, Champignons in dünne Scheibchen schneiden. Zwiebel fein hacken. Butter und das restliche Öl in einer großen Kasserolle erhitzen, die Zwiebel darin bei mittlerer Hitze glasig braten. Pilze zugeben und bei mittlerer bis starker Hitze unter ständigem Wenden etwa zwei Minuten anbraten. Nach und nach Brühe und Sahne zugießen und jeweils unter Rühren einkochen lassen, bis eine sämige Sauce entstanden ist. Kräuter zugeben, Pilze mit Zitronensaft, Salz und Pfeffer abschmecken.

Eierkuchen mit der Pilzfüllung belegen, zusammenrollen und auf heißen Tellern anrichten. Dazu paßt gemischter Salat.

*E*rinnern Sie sich? Noch in den fünfziger Jahren holte man die Eier nicht im Supermarkt, sondern aus dem Hühnerstall. Damals gab es in den meisten Gärten ein eingezäuntes Eckchen für das Federvieh. Hühner gehören übrigens zu den ältesten Haustieren: Sie scharrten frei auf den Höfen der Bauern, den Burgen der Ritter, in den Gärten der Bürger und den Gassen der Stadt. Denn die Burg war Herrensitz und landwirtschaftlicher Betrieb in einem, sonst hätte der Ritter seine Familie, die Gefolgsleute und das Personal gar nicht satt bekommen. Auch in der Stadt setzte man so weit als möglich auf Selbstversorgung, um in schlechten Zeiten weniger Not zu leiden.

Bevor die Nahrungsmittelindustrie das Huhn vom Lebewesen zum Massenprodukt degradierte, galt Geflügel als Speise der feinen Küche; die Bauern haben das Federvieh nicht selbst gegessen, sondern auf dem Markt verkauft. Eier dagegen aß man in allen Schichten. Und wenn im Frühjahr die in Kalk konservierten Eier verbraucht werden mußten, gab es eine Menge Eierspeisen.

GEMÜSE-PUDDING MIT JOGHURTSAUCE

Für 6 Personen

Für den Pudding:
600 g Möhren
600 g mehlige Kartoffeln
1 Zwiebel
1 großes Bund Petersilie
3 Eier
100 g saure Sahne
2 EL Milch
1 EL Currypulver
½ TL gemahlener Kreuz-
kümmel
Salz, weißer Pfeffer
geriebene Muskatnuß
1 EL Mehl
100 g geriebener Käse
50 g gemahlene Nußkerne

Für die Form: Butter und
50 g Semmelbrösel

Für die Joghurtsauce:
1 großes Bund Schnitt-
lauch
500 g Joghurt (3,5 %)
1 EL Crème fraîche
Salz, Cayennepfeffer

Tip:
Garprobe beim Pudding:
ein Holzstäbchen in die
Mitte stechen und wieder
herausziehen. Wenn nur
ein paar Krümel haften
bleiben, ist der Pudding
gar. Falls er sich nicht
gleich aus der Form löst,
ein Küchentuch in kaltes
Wasser tauchen, aus-
wringen und etwa 1 Minute
um die Form legen.

Für den Pudding: Möhren und
Kartoffeln schälen, waschen und
kleinwürfeln. Beide Zutaten mit
wenig Wasser aufkochen und
zugedeckt bei schwacher Hitze in
etwa 15 Minuten weich garen.
Abgießen und mit einer Gabel
fein zerdrücken.
Zwiebel und Petersilie fein zerkleinern und mit dem lauwarm
abgekühlten Gemüsepüree vermischen. Eier trennen. Eigelbe,
saure Sahne, Milch, Currypulver
und Kreuzkümmel sowie je eine
kräftige Prise Salz, Pfeffer und
Muskatnuß unter das Püree
mischen. Eiweiß steif schlagen
und auf das Püree geben. Mehl
mit Käse und Nüssen vermischt
daraufstreuen. Alles vorsichtig
vermischen und in eine gefettete,
mit den Semmelbröseln aus-
gestreute Puddingform füllen.
Die Form mit dem Deckel verschließen. In einem großen Topf
so viel Wasser zum Kochen bringen, daß die Puddingform zu
etwa zwei Dritteln ihrer Höhe
darin steht. Form in den Topf
stellen, den Topf schließen und
den Pudding bei schwacher Hitze
etwa 70 Minuten garen.
Inzwischen für die Sauce den
Schnittlauch in feine Röllchen
schneiden. Joghurt mit Crème
fraîche, Schnittlauch, Salz und

Cayennepfeffer verrühren. Den
fertigen Pudding in der Form
10 Minuten stehen lassen. Oben
am Rand mit einem Messer lösen
und auf eine vorgewärmte Platte
stürzen. Sauce dazu servieren.
Außerdem paßt grüner Salat oder
Gurkensalat dazu.

P *udding mit herzhaften oder*
süßen Zutaten war vom
18. Jahrhundert an ein beliebtes
Festessen – bürgerlicher Ersatz
für die prunkvollen Pasteten der
höfischen Tafel. Die vegetarische
Version mit Eiern, Gemüse und
Kartoffeln kam an Fastensonn-
tagen auf den Tisch. Viel älter als
der Pudding ist übrigens die
Garmethode: Bis in unser Jahr-
hundert ließ sich die Backofen-
hitze noch nicht so gut regulie-
ren, daß auch zarter Teig gelang.
Deshalb behalf man sich mit zwei
Kochgefäßen und Wasser als
hitzeleitendem Medium, dem
Wasserbad. Heute können Sie
Pudding oder Terrine mit dem
Wasserbad natürlich auch im
Backofen garen.

KÄSESPÄTZLE

Der Teig ist richtig, wenn Konturen, die Sie mit dem Kochlöffel ziehen, nur langsam wieder verfließen.

400 g mittelgroße
Zwiebeln
300 g Emmentaler Käse
200 g Mehl
Salz
4 mittelgroße Eier
75 g Butter
schwarzer Pfeffer

Geschälte Zwiebeln auf dem Gurkenhobel in dünne Ringe hobeln. Käse entrinden und fein reiben. Mehl, Salz und Eier zu einem zähflüssigen Teig verrühren. Eventuell tropfenweise kaltes Wasser zugeben (siehe Tips rechts). Butter zerlassen. Zwiebelringe darin bei schwacher Hitze in etwa 20 Minuten weich und goldbraun braten. Dabei mehrmals wenden. Zugedeckt warm halten.
Reichlich Salzwasser zum Kochen bringen. Spätzleteig portionsweise entweder vom Brett schaben oder durch den Spätzlehobel in das sprudelnd kochende Wasser geben (siehe Tips rechts).
Gegarte Spätzle mit einem Schaumlöffel herausnehmen und gut abgetropft in eine vorgewärmte Schüssel geben, dabei jede Spätzleportion mit Käse und Pfeffer bestreuen. Im Backofen bei 50 °C zugedeckt heiß halten, bis alle Spätzle gegart sind.
Mit den gebratenen Zwiebelringen belegt heiß servieren. Dazu schmeckt Feldsalat oder Gurkensalat.

Spätzle-Tips für Nichtschwaben und andere ungeübte Leute:
- *Spätzle schmecken mit reichlich Eiern am besten. Wasser nur zugeben, wenn ein weiteres ganzes Ei im Teig zuviel wäre.*
- *Besonders praktisch: Spätzlehobel oder -presse, die es in gutsortierten Haushaltwarengeschäften zu kaufen gibt. Teig portionsweise einfüllen und in das kochende Wasser hobeln oder pressen.*
- *Traditionell: Ein Holzbrett mit Griff kalt abspülen. Zwei Eßlöffel Teig auf das vordere Drittel des Brettes streichen. Am Griff über den Topf mit sprudelnd kochendem Wasser halten. Den Teig in schmalen Streifen mit einem langen Messer abschaben und mit Schwung ins Wasser befördern. Das Brett immer wieder naß machen, damit der Teig nicht kleben bleibt.*
- *So viele Spätzle portionsweise ins Wasser geben, daß sie beim Hochsteigen nebeneinander schwimmen und gerade eben die Wasseroberfläche bedecken.*
- *Einige Sekunden sprudelnd kochen lassen, dann mit einem Schaumlöffel herausnehmen.*
- *Zum Warmhalten im Backofen mit Butter oder Öl mischen, damit sie nicht zusammenkleben.*

SAUERKRAUTSTRUDEL

Für 6 Personen

Für den Strudelteig:
250 g Mehl
1 Prise Salz
1/8 Liter lauwarmes Wasser
5 EL Öl
1 Eigelb

Für die Füllung:
1 mittelgroße, mehlig
kochende Kartoffel
1 Zwiebel
1 Handvoll gemischte
Kräuter
600 g Sauerkraut
150 g geriebener Emmen-
taler Käse
100 g saure Sahne
Salz
Cayennepfeffer
geriebene Muskatnuß

Für die Arbeitsfläche:
Mehl

Für die Teigplatten:
2 EL Sonnenblumenöl

Für die Form und zum
Bestreichen der Strudel:
50 g zerlassene Butter

Für den Teig: Alle Zutaten zuerst in einer Schüssel vermischen, dann auf der Arbeitsfläche so lange kräftig durchkneten, bis ein elastischer, glatter Teig entstanden ist. Er sollte sich so zart wie Haut anfühlen und nicht kleben. Teig zu einem Kloß formen, in Pergamentpapier wickeln, in eine warme Schüssel legen, mit einem warmen Teller abdecken und ruhen lassen, bis die Füllung zubereitet ist.

Dafür die Kartoffel schälen, waschen und fein reiben. Zwiebel und Kräuter fein hacken. Sauerkraut grob zerschneiden. Alle diese Zutaten mit Käse und saurer Sahne vermischen. Füllung kräftig mit Salz, Cayennepfeffer und Muskatnuß würzen. Strudelteig in drei Stücke schneiden. Erstes Stück zuerst auf wenig Mehl ausrollen, dann auf ein Küchentuch legen und so dünn wie möglich ausziehen. Teigplatte mit etwas Öl bestreichen. Ein Drittel der Füllung darauf verteilen. Dabei am Rand 2 Zentimeter frei lassen, damit die Füllung beim Rollen nicht herausquillt. Strudel aufrollen, mit dem Tuch anheben und in eine gefettete, ofenfeste Form mit niedrigem Rand gleiten lassen. Restliche Teigstücke ebenso füllen,

aufrollen und nebeneinander in die Form geben.
Form in den kalten Backofen (mittlere Schiene) stellen. Sauerkrautstrudel bei 200 °C (Umluft 180 °C, Gas Stufe 4) etwa 1 Stunde und 10 Minuten backen. Dabei zwei- bis dreimal mit Butter bestreichen.

E s hat lange gedauert, bis ich – geborene Bayerin und deshalb beim Strudelbacken einem gewissen Erfolgszwang unterliegend – mich überhaupt an meinen ersten Strudel getraut habe. Denn die in (fast) jedem Kochbuch erhobene Forderung, den Teig so dünn zu kriegen, daß man eine Zeitung drunter lesen kann, fand ich eher abschreckend. Deshalb habe ich die Zeitung immer ohne Strudelteig gelesen und lieber kleine Strudel gebacken: mit handlichen Teigplatten, die auf ein Küchentuch passen, sich bequem aufrollen und ohne große Kochkunstfertigkeit in die Form befördern lassen.
Strudel gelingt übrigens auch gut ohne den gleichnamigen Teig: Nehmen Sie als Hülle fertig gekauften Blätterteig. Jede Platte auf Mehl mit dem Nudelholz dünn ausrollen, füllen und aufrollen.

WEIZENKLÖSSE MIT CHINAKOHLGEMÜSE

Für die Klöße:
75 g Weizenkörner
150 ml Wasser
150 g altbackenes Voll-
kornbrot
¼ Liter Milch
2 Zwiebeln
1 Bund Petersilie
125 g Mehl
2 Eier
1 TL getrockneter Oregano
Salz
weißer Pfeffer

Für das Gemüse:
500 g Chinakohl
100 g Champignons
1 EL Zitronensaft
1 Knoblauchzehe
50 g gemischte frische
oder 1 Päckchen gemisch-
te tiefgefrorene Kräuter
2 EL Sonnenblumenöl
1 EL Tomatenmark
200 g Crème fraîche
Salz
weißer Pfeffer

Für die Klöße: Die Weizenkörner mit dem Wasser aufkochen und zugedeckt bei schwacher Hitze 1 Stunde garen. Den Topf von der Kochstelle nehmen und den Weizen eine weitere Stunde quellen lassen.

Brot grob zerkleinern, mit der kochendheißen Milch übergießen und ziehen lassen, bis die Milch fast aufgesogen ist. Zwiebeln und Petersilie getrennt fein hacken. Abgetropfte Weizenkörner, die Hälfte der Zwiebeln, die Hälfte der Petersilie, Mehl, Eier, Oregano, Salz und Pfeffer zum Brot geben. Alles mit den Händen verkneten, bis der Teig bindet und sich gut formen läßt. In einem Topf reichlich Salzwasser zum Kochen bringen. Die Hände in kaltes Wasser tauchen und aus dem Teig 12 Klöße formen. In das sprudelnd kochende Wasser legen, rasch zum Kochen bringen und in 20 Minuten gar ziehen lassen, dabei einen Kochlöffel zwischen Topfrand und Deckel legen, damit der Topf nicht geschlossen ist.

Für das Gemüse: Chinakohl putzen, waschen und in Streifen schneiden. Pilze waschen, in Scheiben schneiden und mit dem Zitronensaft vermischen. Knoblauch und Kräuter getrennt fein hacken. Öl erhitzen. Die restlichen gehackten Zwiebeln, den Knoblauch, Chinakohl und die Pilze hinzufügen und alles bei mittlerer bis starker Hitze unter ständigem Wenden braten, bis das Gemüse gerade eben bißfest ist. Kräuter und Crème fraîche daruntermischen und erhitzen. Mit Salz und Pfeffer aus der Mühle abschmecken.

Klöße mit einem Schaumlöffel aus dem Wasser nehmen, abtropfen lassen und mit dem Gemüse auf vorgewärmten Tellern anrichten. Mit der übrig behaltenen Petersilie bestreuen.

K *löße waren früher was Besonderes: vielleicht, weil die runde Form im Volksglauben Glück verheißt, vielleicht auch nur, weil sie beim Zubereiten viel mehr Arbeit machten als das alltägliche Mehlmus. Getreideklöße – ob aus ganzen Körnern wie im Rezept hier, aus Mehl oder aus Brot wie die bayerischen Semmelknödel – gab es bei den Bauern an (Fasten-)Sonntagen und in Zeiten schwerster Arbeit: zum Beispiel beim Ernten und beim Dreschen. Fleischklöße standen an Festtagen wie Kirchweih oder Hochzeit auf dem Tisch.*

FASTENKRAPFEN

Für 12 Stück

Für den Teig:
500 g Mehl
40 g Hefe
300 ml Milch
30 g Zucker
50 g Butter
1 Prise Salz
abgeriebene Schale von
1/2 Zitrone
1 Ei, 1 Eigelb

Für die Füllung:
4 getrocknete Feigen
1/2 EL Butter
75 g gehackte Nußkerne
abgeriebene Schale von
1/2 Zitrone
1/2 TL Zimtpulver
je 1 Messerspitze Piment
und geriebene Muskatnuß
1 TL Honig

**Zum Formen und
Bestreichen:**
Mehl und Butter

Zum Fritieren:
750 g Butterschmalz
oder Öl

Zum Bestreuen:
1–2 EL Puderzucker

Tip:
*Damit die Krapfen beim
Fritieren gut zusammen-
halten: Die Seite, die Sie
über der Füllung zusammen-
gedrückt haben, kommt
zuerst ins heiße Fett.*

Für den Teig: Mehl in eine
Schüssel geben. In die Mitte für
den Vorteig eine Mulde drücken.
Hefe hineinbröckeln und mit
2 Eßlöffeln lauwarmer Milch,
1 Teelöffel Zucker und Mehl vom
Rand auflösen. Vorteig zugedeckt
bei Zimmertemperatur 15 Minuten ruhen lassen.
Butter in der restlichen warmen
Milch zerlaufen lassen. Vorteig
mit dem Mehl verrühren. Milch-
Butter-Mischung, restlichen
Zucker, Salz, Zitronenschale und
zimmerwarmes Ei und Eigelb
zufügen. Etwa 5 Minuten durchrühren, bis der Teig Blasen wirft.
Zugedeckt bei Zimmertemperatur
ruhen lassen, bis die Füllung
zubereitet ist.
Für die Füllung: Feigen fein zerkleinern. Butter erhitzen, Feigen
und Nüsse darin bei mittlerer
Hitze unter Rühren etwa 3 Minuten rösten, bis die Nüsse goldbraun sind. Herausnehmen und
abgekühlt mit Gewürzen und
Honig mischen.
Arbeitsfläche mit Mehl bestäuben.
Vom Teig mit 2 Eßlöffeln 12 Stücke
abstechen, dabei die Löffel immer
wieder in Mehl tauchen. Stücke
mit bemehlten Händen wie Klöße
mit der Feigen-Nuß-Mischung
füllen. Teig gut über der Füllung
zusammendrücken. Krapfen auf

die Arbeitsfläche legen, mit zer-
lassener Butter bestreichen und
zugedeckt bei Zimmertemperatur
15 Minuten ruhen lassen.
Fett zum Fritieren erhitzen.
Nacheinander 2 bis 3 Krapfen auf
einen Schaumlöffel legen und mit
der Oberseite nach unten vorsichtig in das heiße Fett gleiten
lassen. Etwa 3 Minuten backen,
bis die Unterseite der Krapfen
schön gebräunt ist. Krapfen
wenden und in weiteren 4 bis
5 Minuten braun backen.
Herausnehmen und auf Küchenpapier abtropfen lassen. Krapfen
nach dem Erkalten mit Puderzucker bestäuben.

*E in Rezept aus „Das Aleman-
nische Büchlein von guter
Speise", erschienen Ende des
14. Jahrhunderts. Ich habe die
Krapfen mit Eiern, Milch und
Butter zubereitet, die während
der Fastenzeit offiziell verboten
waren – übrigens bis zum Jahre
1918. Aber mit den kirchlichen
Abstinenzgeboten hat man es nie
ganz genau genommen. Immer
kam die Kirche zahlungkräftigen
Gläubigen entgegen: Gegen bare
Münze wurden „Butterbriefe"
ausgestellt, die Milchprodukte,
Eier und Butter in der Fastenzeit
zuließen.*

REISKÜCHLEIN MIT MANDELN

200 g Rundkornreis
50 g Zucker
½ Liter Milch
⅛ Liter Wasser
1 Stück unbehandelte
Zitronenschale
1 Prise Salz
100 g gemahlene Mandeln
1 EL Orangensaft, Orangenlikör oder Rosenwasser
50 g Mehl

Zum Braten:
40 g Butterschmalz

Zum Bestreuen:
Zucker und Zimt

Reis mit Zucker, Milch, Wasser, Zitronenschale und Salz aufkochen und zugedeckt bei schwacher Hitze 30 Minuten garen. Von der Kochstelle nehmen und abkühlen lassen. Zitronenschale entfernen. Mandeln, Orangensaft, -likör oder Rosenwasser und das Mehl unter den Reisbrei mischen.

Butterschmalz in einer Pfanne erhitzen. Von dem Teig mit einem Eßlöffel runde Küchlein abstechen und bei mittlerer bis schwacher Hitze auf der Unterseite etwa 10 Minuten braten, bis sie sich leicht vom Pfannenboden lösen, wenden und auf der zweiten Seite weitere 6 bis 8 Minuten braten. Auf diese Weise 12 Küchlein braten. Die gebratenen Küchlein bei 50 °C im Backofen warm halten.

Zum Servieren nach Wunsch mit Zimt-Zucker bestreuen. Dazu paßt Obstsalat, Apfelmus oder Kompott.

In Rom erschien 1474 ein außergewöhnliches Buch mit dem Titel „De honesta voluptate et valetudine". In einer deutschen Übersetzung aus dem Jahre 1542 lautet der Titel unvollständig: „Von der Eerlichen zimlichen auch erlaubten Wollust des leibs …". Zwei berühmte Leute hatten sich zusammengetan: Platina, Leiter der Vatikanischen Bibliothek, hatte die Kapitel über gutes Essen und vernünftige Ernährung geschrieben, Maestro Martino, ehemaliger Chefkoch eines hohen Kirchenmannes aus Aquilea, die Rezepte beigesteuert. Darunter sind zum Beispiel der erste bekannte „Risotto milanese" und die Reisküchlein hier. Der Maestro hat sich dazu gewiß von der raffinierten orientalischen Küche anregen lassen: Reis, exotische Gewürze, Mandeln, Zucker und Zitrusfrüchte haben die Europäer von den Arabern und Persern kennengelernt.

ROSINENNUDELN

Für eine Springform von
28 cm Durchmesser

300 g Weizenmehl
(Type 1050)
½ Päckchen Trockenhefe
30 g Zucker
1 TL Vanillezucker
1 Prise Salz
abgeriebene Schale von
½ kleinen unbehandelten
Zitrone
knapp ⅛ Liter Milch
50 g weiche Butter
2 zimmerwarme Eier
1 zimmerwarmes Eigelb
150 g Rosinen

Für die Form:
Fett und Mehl

Zum Formen:
Mehl

Zum Bestreichen:
50 g Butter

Zum Bestäuben:
1–2 EL Puderzucker

Mehl, Hefe, Zucker, Vanillezucker, Salz und Zitronenschale in einer Schüssel mischen. Milch und Butter in einem Topf erwärmen, bis die Butter zerlaufen ist. Mit Eiern und Eigelb zum Mehl geben. Alles mit den Knethaken des Handrührgerätes 5 Minuten durchrühren, bis der Teig Blasen wirft und sich vom Schüsselrand löst. Teig zugedeckt bei Zimmertemperatur etwa 45 Minuten gehen lassen, bis sich sein Volumen verdoppelt hat.
Die Rosinen mit den Händen unterkneten. Springform fetten und mit Mehl ausstreuen. Mit einem Eßlöffel etwa walnußgroße Stücke vom Teig abstechen, mit bemehlten Händen zu Kugeln formen und auf die mit Mehl bestäubte Arbeitsfläche legen. Zugedeckt 15 Minuten gehen lassen. Nudeln nicht zu eng nebeneinander in die Form setzen. Butter zerlassen, Nudeln damit bestreichen. Form in den kalten Backofen (untere Schiene) stellen. Ofen auf 200 °C (Umluft 180 °C, Gas Stufe 4) schalten. Rosinennudeln etwa 30 Minuten backen. Herausnehmen, in der Form 10 Minuten stehen lassen und auf ein Kuchengitter stürzen. Unmittelbar vor dem Servieren mit dem Puderzucker bestäuben.

*W*eißes oder „schönes" Mehl, wie es früher hieß, war immer begehrt. Die reichen und wichtigen Leute aßen Feingebäck und überließen dunkles Brot den Armen. Damit erwiesen sie ihnen einen guten Dienst: denn dunkles Mehl ist, wie wir heute wissen, sehr gesund. Wie gesund, sagt Ihnen die Zahl, die auf jeder Mehlpackung steht: Je höher diese „Typenzahl", desto mehr Eiweiß, Fett, Vitamine und Mineralstoffe enthält das Mehl.

FISCHSUPPE MIT TOMATEN UND GEMÜSE

200 g Goldbarschfilet
200 g Lachsfilet
100 g Krabben
Saft von ½ Zitrone
weißer Pfeffer
1 Zwiebel
1 Knoblauchzehe
200 g Spinat
2 Möhren
2 Stangen Porree
2 EL Öl
1 Dose gehackte Tomaten
(Füllmenge 400 g)
1 Glas Fischfond (400 ml)
200 g Crème fraîche
Salz
1–2 EL gehackte frische
oder gemischte tief-
gefrorene Kräuter

Fischfilets in Stücke schneiden.
Mit den Krabben in eine Schüssel
geben. Mit Zitronensaft und Pfeffer aus der Mühle würzen und
zugedeckt ziehen lassen, bis die
Suppe vorbereitet ist.
Zwiebel und Knoblauch schälen
und fein hacken. Spinat waschen
und abtropfen lassen. Möhren
schälen und in Scheiben schneiden. Porree putzen, waschen und
mit allen saftigen grünen Blättern
in dünne Ringe schneiden.
Öl in einem großen Topf erhitzen.
Zwiebel und Knoblauch darin bei
schwacher Hitze glasig braten.
Möhren und Porree zugeben und
einige Sekunden mitschmoren.
Tomaten, Fischfond und Crème
fraîche zugeben, aufkochen und
zugedeckt bei schwacher Hitze
etwa 2 Minuten kochen lassen.
Fischstücke, Krabben und Spinat
zugeben, mit Salz würzen und
zugedeckt knapp unter dem Siedepunkt etwa 3 Minuten ziehen
lassen, bis der Fisch gerade eben
gar ist.
Mit Salz und Pfeffer abschmecken,
auf heißen Tellern verteilen und
mit Kräutern bestreut servieren.
Dazu paßt Weißbrot.

Fischsuppe entstammt der Armenküche – kaum zu glauben, denkt man an die berühmte Bouillabaisse aus Marseille, die würzige provenzalische Bourride oder die kräftige Brodetto de pesce aus Italien. Hier finden Sie eine schnelle und recht preiswerte, doch keineswegs ärmliche Suppe, bunt wie die ersten Farben des Frühlings.

MARINIERTER FISCH

Machen Sie es wie unsere Großeltern und essen Sie freitags Fisch. Denn Seefische sind die wichtigste Quelle für Jod. Mit allen anderen Lebensmitteln oder mit jodiertem Speisesalz können wir nicht so viel von diesem Mineralstoff aufnehmen, wie wir für die optimale Funktion der Schilddrüse brauchen. Fische und Meeresfrüchte versorgen den Körper auch mit besonders wertvollen Fettsäuren. Einige dieser Fettsäuren wirken sich günstig auf Blutdruck und Cholesterinspiegel aus und können deshalb Herz- und Gefäßkrankheiten vorbeugen.

Prozession am Gründonnerstag in Marsala auf Sizilien.

½ unbehandelte Zitrone
⅛ Liter trockener Weißwein
100 ml Gemüsebrühe (Instant)
Salz
400 g Schollenfilet
1 rote Zwiebel
1 Bund Dill
2 EL Olivenöl
weißer Pfeffer

Von der Zitronenschale ein großes Stück dünn abschneiden und in hauchfeine Streifen schneiden. Zitronensaft auspressen und in einem breiten Topf mit Wein, Brühe und einer kräftigen Prise Salz aufkochen. Schollenfilets nebeneinander in den Sud legen und zugedeckt bei schwächster Hitze in etwa 3 Minuten gar ziehen lassen.
Zwiebel und Dill hacken und mit der Zitronenschale über dem Fisch verteilen. Fisch mit Olivenöl beträufeln und mit Pfeffer aus der Mühle bestreuen. Bis zum Servieren zugedeckt an einem kühlen Ort mindestens 3 Stunden ziehen lassen.

LACHS IM TEIG

4 Platten tiefgefrorener
Blätterteig
1 großes Bund Petersilie
5 Salbeiblättchen
1 Stück frische Ingwer-
wurzel (etwa 3 cm lang)
1 TL Anissamen
1 TL abgeriebene
Zitronenschale
2 TL Salz
weißer Pfeffer

Zum Ausrollen:
Mehl

4 Lachssteaks zu je
etwa 220 g
Saft von ½ Zitrone

Zum Bestreichen:
1 Eigelb
2 EL süße Sahne

Tip:
Lachs gehört zu den
fetteren Fischen. Wem er
mit Blätterteig zu mächtig
ist, nimmt statt dessen
Goldbarsch oder Seelachs.

Blätterteigplatten auftauen lassen.
Backofen auf 220 °C (Umluft
200 °C, Gas Stufe 5) vorheizen.
Petersilie und Salbei ganz fein
hacken. Ingwer schälen und auf
der Rohkostreibe fein reiben.
Anissamen zerdrücken. Kräuter,
Ingwer, Anis, Zitronenschale,
Salz und reichlich Pfeffer aus der
Mühle vermischen.
Blätterteigplatten auf Mehl knapp
messerrückendick ausrollen. Auf
jede Teigplatte ein Lachssteak
legen und mit Zitronensaft
beträufeln. Würzmischung über
den Fischportionen verteilen.
Lachssteaks mit dem Teig um-
hüllen und nebeneinander auf
ein kalt abgespültes Backblech
legen. Eigelb mit Sahne verrühren,
Lachspäckchen damit bestreichen.
Blech in den heißen Ofen (mitt-
lere Schiene) schieben. Lachs
etwa 20 Minuten backen, bis die
Teighülle goldgelb gebräunt ist.
Dazu: Blattspinat oder gemischter
Salat.

*U*m das Jahr 1350 sah es gar
nicht gut aus in Europa: Die
erste der schrecklichen Pest-
epidemien hatte etwa vierzig
Prozent der Menschen getötet,
Klimaveränderungen verursach-
ten schlechte Ernten und führten
zu großen Hungersnöten, der
Krieg zwischen Frankreich und
England hemmte die dringend
notwendige wirtschaftliche Ent-
wicklung. Die langen Züge von
Menschen, die – sich selbst mit
Geißeln quälend – Buße tun
wollten, sah man damals nicht
nur in der Karwoche . . .
Trotzdem (oder gerade deshalb?)
hat man sich ums gute Essen
gekümmert: Das erste deutsche
Kochbuch, das wir kennen, ist
um diese Zeit entstanden. Ein
Beamter des Würzburger Fürst-
bischofs hat diese Sammlung von
Kochrezepten aufschreiben
lassen – gedruckte Bücher gab es
erst hundert Jahre später. Aus
diesem „Buch von guter Speise"
stammt die Idee für dieses Lachs-
rezept.

GEGRILLTE HERINGE

4 küchenfertige grüne
Heringe zu je etwa 250 g
Saft von ½ Zitrone
Salz
schwarzer Pfeffer
2 Bund Petersilie
4 Lauchzwiebeln
6 EL Öl
1 Zwiebel
2 Scheiben altbackenes
Roggenbrot

Backofengrill auf mittlere Schaltstufe vorheizen. Heringe mit Zitronensaft beträufeln, innen und außen mit Salz und Pfeffer würzen. Petersilie waschen und trockenschwenken. Lauchzwiebeln von den Wurzelansätzen und den welken grünen Blättern befreien, waschen und trockentupfen. Beide Zutaten in die Fische geben.
Backblech mit 1 Eßlöffel Öl bestreichen. Heringe darauflegen und mit 1 weiteren Eßlöffel Öl bepinseln. Blech unter den Grill schieben, Fische etwa 8 Minuten grillen, dabei einmal wenden. Inzwischen Zwiebel schälen und grob hacken. Roggenbrot fein zerkrümeln. Restliches Öl in einer Pfanne erhitzen. Zwiebel und Brot darin bei schwacher bis mittlerer Hitze unter häufigem Wenden rösten, bis das Brot knusprig ist. Fische filetieren und auf vorgewärmten Tellern anrichten. Brotmischung darüber verteilen. Dazu paßt Salat.

Am Spieß garte der Braten des großen Mannes, auf dem Rost der des kleinen. Beliebt in allen Bevölkerungsschichten war der Rost nur für Fische. Schon Mitte des 17. Jahrhunderts hat ein kluger und praktischer Mensch dafür den mit Scharnieren verbundenen Doppelrost erfunden – ähnlich wie die Grillkörbe für Fische, die wir heute beim Grillen über der Holzkohle verwenden.

AAL GRÜN

1 kg frischer „grüner" Aal
Saft von 1½ Zitronen

Für den Sud:
1 Bund Suppengrün
1 Zwiebel
⅛ Liter trockener
Weißwein oder Gemüse-
brühe
⅛ Liter Wasser
1 Stück Schale von 1 un-
behandelten Zitrone
1 Päckchen Fischgewürz
2 TL Salz
1 Prise Zucker
¼ TL Instant-Fleisch- oder
Gemüsebrühe

Für die Sauce:
20 g Butter
1 schwach gehäufter EL
Mehl
⅛ Liter süße Sahne
1 Eigelb
2 Handvoll gemischte
frische oder 2 Päckchen
gemischte tiefgefrorene
Kräuter
weißer Pfeffer

Aal in etwa 4 cm lange Stücke
schneiden und mit dem Zitronensaft vermischen.
Für den Sud: Suppengrün putzen,
waschen und grob zerkleinern.
Zwiebel schälen und vierteln.
Beide Zutaten mit Wein oder
Brühe, Wasser, Zitronenschale
und Fischgewürz aufkochen und
zugedeckt bei schwacher Hitze
20 Minuten kochen lassen.
Sud durch ein Sieb gießen, wieder
in den Topf geben, mit Salz,
Zucker und Instant-Brühe würzen
und einmal aufkochen. Aal hineinlegen und zugedeckt bei schwächster Hitze in etwa 20 Minuten
gar ziehen lassen. Herausnehmen
und warm halten.
Für die Sauce: Butter in einem
anderen Topf zerlassen. Mehl
darin unter Rühren goldgelb
rösten. Sud unter ständigem
Rühren langsam zugießen und
aufkochen, bis die Sauce glatt ist.
Bei mittlerer bis schwacher Hitze
etwa 5 Minuten kochen lassen,
dabei hin und wieder umrühren.
Inzwischen Sahne mit Eigelb verquirlen. Frische Kräuter waschen,
trockentupfen und fein hacken.
Topf von der Kochstelle nehmen.
Etwas Sauce mit der Sahne
vermischen und alles in die
Sauce rühren. Kräuter und Aal
untermischen und erhitzen, aber

nicht mehr aufkochen. Mit Salz
und Pfeffer aus der Mühle abschmecken. Dazu passen Salzkartoffeln und Salat.

*Die Haut vom Aal ist sehr
dick, zäh und schleimig.
Deshalb muß der Fisch vor dem
Zubereiten enthäutet werden.
Lassen Sie den Aal am besten
vom Fischhändler küchenfertig
vorbereiten, denn Abziehen der
Haut und Ausnehmen des Tieres
sind zeitraubend und recht
kompliziert.*

HERINGE MIT GEMÜSE

2 Möhren
2 große Zwiebeln
2 Knoblauchzehen
1 großes Bund Petersilie
1 EL Butter
4 frische, küchenfertige
Heringe zu je etwa 200 g
Salz
weißer Pfeffer
1 kleine unbehandelte
Zitrone
1 Lorbeerblatt
2 Gewürznelken
1/8 Liter dunkles Bier

Möhren, Zwiebeln und Knoblauch schälen und in dünne Scheiben schneiden. Petersilie waschen und fein hacken. Etwa die Hälfte davon zum Bestreuen der Heringe beiseite stellen. Butter in einem Bräter zerlassen. Gemüse darin bei mittlerer Hitze etwa 2 Minuten schmoren, bis die Zwiebeln glasig sind. Gemüse herausnehmen. Fische innen und außen mit Salz und Pfeffer würzen und nebeneinander in den Bräter legen.
Zitrone waschen, Schale rundherum dünn abreiben. Saft auspressen. Zitronenschale, Saft, Lorbeer und Nelken auf die Fische geben. Das Gemüse wieder zugeben und auf den Heringen verteilen. Bier rundherum zugießen. Alles einmal aufkochen. Bräter schließen, Heringe zugedeckt bei schwacher Hitze etwa 10 Minuten garen.
Mit Petersilie bestreut servieren. Dazu: Salzkartoffeln und Salat.

Fernab von der Küste aß man vor allem in der Fastenzeit Hering und Stockfisch. Hering gehörte zur alltäglichen Fastenküche, Stockfisch dagegen war – wie noch heute in mediterranen Ländern – durchaus auch „salonfähig": François le Goullon (1757–1839), zuerst herzoglicher Küchenmeister, dann Prominentenkoch mit eigenem „Hôtel" in Weimar, empfiehlt für die Bewirtung vornehmer Gäste „Vol au Vent von Stockfisch à la Béchamel": eine große Blätterteigpastete, gefüllt mit Stockfisch in Béchamelsauce.

HECHTFRIKADELLEN

Für 4 bis 5 Personen

2 altbackene Brötchen
500 g Hechtfilet
1 kleiner Zucchino
(etwa 100 g)
1 kleine Möhre
(etwa 50 g)
1 große Zwiebel
1 Stange Sellerie
½ Bund Petersilie
1 Ei
Salz
Cayennepfeffer
1 EL Zitronensaft
4 EL Öl

Tip:
*Grätenreicher Hecht
eignet sich besonders gut
für Klößchen und Frika-
dellen – vor allem größere
Exemplare, deren Fleisch
etwas trocken ist.*

Brötchen mit heißem Wasser
übergießen, darin weich werden
lassen, herausnehmen und gut
ausdrücken. Hecht gegebenenfalls von der Haut befreien.
Größere Gräten mit einer Pinzette
entfernen. Zucchino waschen
und putzen, Möhre und Zwiebel
schälen und vierteln. Sellerie und
Petersilie waschen. Fisch, alle
Gemüse, Zwiebel und Petersilie
portionsweise im Blitzhacker fein
zerkleinern. In einer Schüssel mit
den Brötchen, mit Ei, je einer
kräftigen Prise Salz und Cayennepfeffer und dem Zitronensaft vermischen. Teig mit einer Gabel
durchrühren, bis er wie Frikadellenteig bindet.
Mit angefeuchteten Händen
12 Frikadellen formen. Die Hälfte
des Öls in einer großen Pfanne
erhitzen. 6 Frikadellen darin bei
mittlerer bis schwacher Hitze
etwa 5 bis 7 Minuten braten, bis
sie sich leicht vom Pfannenboden
lösen. Wenden und in etwa
3 Minuten fertig braten.
Herausnehmen und im Backofen
bei 50 °C warm halten. Die zweite
Portion Frikadellen im restlichen
Öl ebenso braten. Dazu paßt
Kartoffelsalat.

*Kein Fisch paßt besser zur
Karwoche als der Hecht.
Denn er hat es in sich – im
wahrsten Sinne des Wortes: Sein
Kopf nämlich enthält, so ein weit
verbreiteter Volksglaube, die
Geräte, mit denen Jesus gefoltert
und getötet wurde. Und mit
etwas Phantasie können Sie in
den Kopfknorpeln des Tieres
tatsächlich Kreuz und Speer,
Hammer und Nägel erkennen . . .*

SEEZUNGENRÖLLCHEN IN KERBELSAHNE

150 g Lachsfilet
1 Stück Zitronenschale
2 EL Zitronensaft
2 EL Crème fraîche
8 Seezungenfilets zu je
etwa 60 g
Salz
weißer Pfeffer
16 große Spinatblätter
1 Schalotte
2 Handvoll frischer Kerbel
$1/8$ Liter Fischfond (Glas)
3 EL trockener Weißwein
2 EL trockener Wermut
$1/4$ Liter süße Sahne

Tip:
*Seezunge immer so rollen,
daß die dunkle Hautseite
innen ist. Sonst rollen sich
die Filets beim Garen wieder auf.*

Lachs mit Zitronenschale, 1 Eß-
löffel Zitronensaft und Crème
fraîche im Blitzhacker pürieren.
Seezungenfilets mit der dunkleren
Hautseite nach oben auf der
Arbeitsfläche ausbreiten. Mit Salz
und Pfeffer würzen, mit der
Lachsfarce bestreichen und jedes
Filet mit 2 gewaschenen Spinatblättern belegen. Seezungenfilets
aufrollen und feststecken. Neben-
einander aufrecht auf einen tiefen
Teller setzen. Schalotte und
Kerbel getrennt sehr fein hacken.
Backofen auf 75 °C heizen und
wieder abschalten.
Fischfond mit Wein und Wermut
in einem Topf aufkochen. Eine
Tasse umgedreht in den Topf
setzen, darauf den Teller mit dem
Fisch stellen. Fischröllchen
zugedeckt bei schwacher Hitze
3 Minuten dämpfen.
Inzwischen Teller mit Fisch vorsichtig aus dem Topf nehmen und
in den Backofen stellen. Jedes
Seezungenröllchen mit $1/2$ Eßlöffel
Fond beschöpfen. Teller mit einer
großen Schüssel zudecken. Tasse
aus dem Topf nehmen, Schalotte
in den Fond geben und bei starker
Hitze unter Rühren einkochen,
bis der Fond dick wie Sirup ist.
Sahne nach und nach zugießen
und zu einer sämigen Sauce einkochen. Sauce mit dem restlichen

Zitronensaft, Salz und Pfeffer abschmecken. Kerbel untermischen.
Seezungenröllchen auf vorgewärmten Tellern anrichten und
mit der Sauce umgießen. Dazu
passen Salzkartoffeln oder Reis
und Salat.

*F*isch kam – und kommt in
vielen Familien auch heute
noch – freitags und in der Fastenzeit auf den Tisch. Das Rezept
hier gibt Ihnen einen kleinen
Einblick in die klassische, bürger-
liche Fastenküche der feinsten
Art, die an Sonn- und Feiertagen
serviert wurde. In den Wochen
vor Ostern gibt es übrigens genau
den richtigen Spinat dazu: dunkel-
grünen Winterspinat mit großen,
robusten Blättern, die sich gut
verarbeiten lassen. Er schmeckt
kräftiger als hellgrüner Frühjahrs-
spinat.

FORELLEN IN WEIN

1 Bund Suppengrün
1 kleine Zwiebel
1 Bund Petersilie
1/4 Liter trockener
Weißwein
1/8 Liter Wasser
1 EL milder Weißweinessig
4 küchenfertige Forellen
zu je etwa 300 g
Salz
weißer Pfeffer
1 fingerdicke Zitronen-
scheibe
1 EL Butter
1 EL Kapern

Zum Garnieren:
Zitronenschnitze und
krause Petersilie

Suppengrün putzen, waschen
und grob zerkleinern. Zwiebel
schälen und vierteln. Petersilie
waschen, Stiele abschneiden.
Blätter für die Sauce beiseite
legen. Suppengrün, Zwiebel,
Petersilienstiele, Wein, Wasser
und Essig in einer großen Kasserolle aufkochen und zugedeckt
bei schwacher Hitze 20 Minuten
kochen lassen.
Forellen innen und außen mit
Salz und Pfeffer aus der Mühle
würzen. Nebeneinander in den
Sud legen und zugedeckt bei
mittlerer bis schwacher Hitze in
etwa 15 Minuten gar ziehen
lassen.
Inzwischen Petersilienblättchen
fein hacken. Zitronenscheibe
schälen und in kleine Stücke
schneiden. Fische herausnehmen,
auf einer vorgewärmten Platte mit
Zitrone und Petersilie garnieren
und warm halten.
Sud durch ein Sieb in einen Topf
gießen und aufkochen. Butter in
Stücke teilen und mit einem
Schneebesen in den Sud schlagen.
Gehackte Petersilienblättchen,
Zitronenstücke und Kapern untermischen. Sauce mit Salz und
Pfeffer abschmecken.
Dazu passen Salzkartoffeln oder
neue Kartoffeln, in etwas Butter
geschwenkt.

*Wenn der Fürst zum Emp-
fang lud, der Bischof zum
Arbeitsessen, der Ratsherr zum
Gastmahl, gab's auch in der
Fastenzeit was besonders Feines:
zum Beispiel Süßwasserfisch in
würziger Sauce. Neben recht
eigenwilligen Zusammenstel-
lungen mit Rosinen, Ingwer, Zimt
und Zucker findet sich im Überlieferten auch vieles, das uns
heute noch schmeckt. Hier habe
ich ein Rezept von Max Rumpolt,
dem berühmten Küchenchef des
Mainzer geistlichen Kurfürsten
Daniel Brendel v. Homburg, in
eine moderne Form gebracht.
Rumpolt hat es mit fast zweitausend weiteren Rezepten in
seinem „New Kochbuch" ver-
öffentlicht, das 1581 in Frankfurt
erschienen ist.*

SEELACHS MIT GEMÜSE

4 große Lauchzwiebeln
2 kleine Fenchelknollen
2 kleine Zucchini
4 Seelachsfilets zu je
etwa 200 g
Salz
schwarzer Pfeffer
2 EL trockener Sherry
oder Gemüsebrühe
2 EL Sojasauce
2 EL Zitronensaft
½ TL Zucker
1 EL Öl
½ kleines Bund Dill
150 g Crème fraîche

Lauchzwiebeln waschen, putzen und mit dem saftigen Zwiebelgrün fein zerkleinern. Fenchelblättchen abschneiden und zum Bestreuen beiseite legen. Knollen waschen, halbieren, Strunk herausschneiden. Hälften quer zu den Fasern in dünne Streifen schneiden. Zucchini waschen und in dünne Scheiben schneiden. Gemüse in einem ovalen Topf ausbreiten. Fischfilets nebeneinander auf das Gemüse legen, mit Salz und Pfeffer bestreuen. Sherry mit Sojasauce, Zitronensaft, Zucker und Öl verrühren und über den Fisch verteilen. Fisch zugedeckt bei starker Hitze kräftig aufkochen und bei mittlerer Hitze im geschlossenen Topf etwa 5 Minuten garen.
Inzwischen Dill und Fenchelblättchen fein hacken. Mit Crème fraîche und Pfeffer aus der Mühle vermischen.
Fisch und Gemüse auf vorgewärmten Tellern anrichten. Kräutercreme als Kleckse auf die Portionen setzen. Dazu passen Kartoffeln und Salat.

So, wie die Chinesen europäische Gemüse von den Portugiesen übernahmen, als diese seit Mitte des 16. Jahrhunderts in Macao siedelten und Handel trieben, gelangten Anregungen und Rezepte der großartigen chinesischen Küche schon früh nach Europa. Ganz modern ist der Seelachs „à la chinoise", gedämpft auf zartem Gemüse, gewürzt mit Sherry, Sojasauce und Zitronensaft. Die Dillcreme dazu ist eine typisch europäische, köstliche Ergänzung – besonders, wenn Sie dazu neue Kartoffeln servieren.

ZANDER IN SENF-PETERSILIENSAHNE

*Z*ander, den edlen Süßwasserfisch mit sehr festem, saftigem
Fleisch, müssen Sie bei den meisten Fischhändlern vorbestellen.
Er schmeckt am besten, wenn er
etwa ein Kilogramm wiegt – das
entspricht der Menge an Filets,
die Sie für dieses Gericht brauchen. Filetieren kostet Zeit und
Mühe, vor allem, wenn Sie nicht
so geübt sind. Bitten Sie deshalb
den Händler, das für Sie zu er-
ledigen. Falls Sie keinen Zander
bekommen, nehmen Sie Goldbarsch oder Scholle – preis-
wertere, doch ebenfalls sehr
feine Fische.

*Ungleichmäßig dicke
Fischfilets garen gleich-
mäßig, wenn man die
dünnen Seiten nach innen
klappt und nach unten in
die Form legt.*

4 Zanderfilets zu je
etwa 150 g
2 EL Zitronensaft
Salz, weißer Pfeffer
1/2 Bund Petersilie
2 TL Dijon- oder Kräuter-
senf
eventuell 1/4 TL englisches
Senfpulver
4 EL trockener Sherry
1 Prise Zucker
200 g Crème fraîche

Backofen auf 200 °C (Umluft
180 °C, Gas Stufe 4) vorheizen.
Fischfilets schuppenförmig in
eine flache ofenfeste Form legen.
Mit Zitronensaft beträufeln, mit
Salz und Pfeffer aus der Mühle
würzen. Petersilie sehr fein
hacken. Mit Senf, Senfpulver,
Sherry, Zucker und Crème fraîche
verrühren und über den Fisch
verteilen. Form in den heißen
Backofen (mittlere Schiene)
stellen.
Fisch etwa 15 Minuten garen.
Dazu passen Pellkartoffeln oder
Reis und Salat.

GRIECHISCHE OSTERSUPPE

Für 8 Personen

2 Zwiebeln
3 Knoblauchzehen
2 Bund Suppengrün
1 Petersilienwurzel
2 Tomaten
1 Suppenhuhn von
etwa 2,4 kg
3 Liter Wasser
Salz
1/2 Kopf Endiviensalat
2 Lauchzwiebeln
1 Handvoll gemischte
Kräuter wie Petersilie,
Kerbel, Pimpinelle, Minze,
Zitronenmelisse
1/8 Liter süße Sahne
2 Eigelbe
100 g Langkornreis
2 EL Limetten- oder
Zitronensaft
weißer Pfeffer

Tip:
Gekochte Reiskörner quellen so lange weiter, wie sie in Flüssigkeit liegen; dabei werden sie allmählich weich und matschig. Deshalb Reissuppen nicht warm halten, sondern sofort servieren. Oder den Reis extra kochen, heiß halten und erst bei Tisch in die Suppe mischen.

Die Zwiebeln, Knoblauchzehen, Suppengrün, Petersilienwurzel und Tomaten waschen und grob zerkleinern. Diese Zutaten mit Huhn und Wasser in einen Topf geben und langsam zum Kochen bringen. Huhn zugedeckt bei schwächster Hitze 4 Stunden garen. Dabei die Brühe nach etwa 3 Stunden salzen. Herausnehmen, Haut und sichtbares Fett entfernen. Fleisch von den Knochen lösen und in mundgerechte Stücke schneiden. Brühe durchsieben, erkalten lassen und entfetten. Mitgekochtes Gemüse wegwerfen. Salat putzen, waschen und in feine Streifen schneiden. Lauchzwiebeln von den Wurzelansätzen und den welken Blättern befreien, waschen und mit dem Zwiebelgrün in dünne Ringe schneiden. Kräuter waschen, trockentupfen und fein hacken. Sahne mit Eigelben verrühren. Brühe mit dem Reis und Salz wieder aufkochen. Reis zugedeckt bei schwacher Hitze 10 Minuten garen, bis er halb weich ist. Fleischstücke, Salat und Lauchzwiebeln in die Suppe geben, aufkochen und zugedeckt bei schwächster Hitze 5 Minuten ziehen lassen. Eiersahne mit etwas Brühe vermischen und in die

Suppe rühren. Kräuter untermischen. Suppe mit Limettensaft, Salz und Pfeffer abschmecken und sofort servieren.

Eine Ostersuppe aus Arkadien. Diese Landschaft auf dem Peloponnes haben zuerst griechische und römische, dann deutsche Dichter als ländliche Idylle und als Tummelplatz fröhlicher, urwüchsiger Schäfer besungen. Die Wirklichkeit dagegen war reichlich öde. Weil im Hochland kaum Landwirtschaft zu betreiben war, lebten die Leute recht karg, und viele wanderten ab. Doch zum rauhen Leben in der Einsamkeit gehört, gemeinsam zu feiern und fröhlich zu essen, sonst erträgt man's nicht. Die Suppe war Auftakt zum Festessen der Hirten: Während das Schaf am Spieß briet, schmurgelten die Innereien mit duftenden Kräutern im Kessel, wurden verfeinert mit Reis, Kopfsalat, Eiern und Zitronensaft.
Im Rezept hier finden Sie Huhn, weil es die meisten von uns lieber mögen als Innereien. Und Endiviensalat, weil es bei uns am Ende des Winters noch keinen guten Kopfsalat gibt.

ITALIENISCHE OSTERTORTE

Für eine Springform von
26 cm Durchmesser

450 g tiefgefrorener
Blätterteig
600 g tiefgefrorener
Blattspinat
200 g gemischte frische
Kräuter wie Petersilie,
Schnittlauch, Kerbel,
Borretsch, Estragon,
Pimpinelle und Dill
1 Knoblauchzehe
200 g Käse wie Fontina,
mittelalter Pecorino oder
Sbrinz
200 g Magerquark
100 ml süße Sahne
50 g Pinienkerne
Salz
weißer Pfeffer
8 kleine Eier
Für die Arbeitsfläche:
Mehl
Zum Bestreichen:
1 Eigelb und 1 EL süße
Sahne

Blätterteig und Spinat auftauen
lassen. Teigplatten in einem
Rechteck so auf die mit Mehl
bestreute Arbeitsplatte legen, daß
die Kanten einige Millimeter
übereinander liegen. Mit der
bemehlten Nudelrolle etwa messerrückendick ausrollen. Zwei
Teigplatten ausschneiden, die
etwas größer als der Springformboden sind. Die erste Platte auf
den Boden der Form legen und
mit einer Gabel einige Male einstechen. Aus den Teigresten etwa
5 Zentimeter breite Streifen für
den Rand schneiden und die Form
damit auskleiden.
Die noch verbliebenen Teigreste
auf der Arbeitsplatte übereinan-
derlegen und erneut ausrollen.
Kleine Osterhasen oder beliebige
andere Formen zum Verzieren
ausstechen. Teig in der Form, die
zweite Teigplatte und die Verzierungen kühlen, bis die Füllung
zubereitet ist.
Kräuter waschen, trockentupfen
und fein hacken. Knoblauchzehe
zerdrücken. Käse reiben. Kräuter,
Knoblauch, Käse, abgetropften
Spinat, Quark, Sahne, Pinienkerne, je eine kräftige Prise Salz
und Pfeffer vermischen. Diese
Füllung auf dem Teig in der Form
glattstreichen. Mit einem Löffel
8 Vertiefungen in die Füllung

drücken (siehe Foto). Eier nacheinander zuerst in einer Tasse
aufschlagen, dann vorsichtig in
die Vertiefungen gleiten lassen.
Den Teigrand mit etwas kaltem
Wasser bestreichen, die zweite
Teigplatte als Deckel auf die
Füllung legen und rundherum am
Rand leicht andrücken. Eigelb
mit Sahne verrühren, Teigdeckel
damit bestreichen. Die Verzierungen darauflegen und vorsichtig
festdrücken.
Form in den kalten Backofen
(untere Schiene) schieben. Ofen
auf 200 °C (Umluft 180 °C, Gas
Stufe 4) schalten. Torte etwa
1 Stunde backen. In der Form
lauwarm abkühlen lassen und
servieren oder erst ganz erkalten
lassen.

*D*ie traditionelle herzhafte
Ostertorte „Torta pasqualina"
aus Ligurien bereitet man eigent-
lich mit einem Teig aus Mehl,
Wasser, Salz und Olivenöl zu.
Richtig verarbeitet, wird die Teig-
hülle sehr locker und bildet beim
Backen hauchdünne Schichten.
Doch das kostet Zeit und verlangt
Kocherfahrung. Ich schlage Ihnen
deshalb Blätterteig vor – eine
Alternative, die Ihre Arbeitszeit
verringert, ohne den Genuß zu
schmälern.

LAMMKEULE

Für 8 Personen

Für die Marinade:
1 unbehandelte Zitrone
2 Knoblauchzehen
1 Bund Thymian
1/2 Liter trockener
Weißwein
6 EL Olivenöl

1 Lammkeule von 2 kg
Salz
schwarzer Pfeffer
500 g kleine Kartoffeln
1 Bund Lauchzwiebeln

Für die Marinade: Etwa die Hälfte der Zitronenschale dünn abschneiden und hacken. Den Saft auspressen. Die Knoblauchzehen zerdrücken oder fein hacken. Thymian waschen, die harten Stiele entfernen, den Rest fein hacken. Alle diese Zutaten mit Wein und Öl verrühren. Lammkeule in eine große Schüssel aus Porzellan, Keramik, Steingut oder Glas geben und die Marinade darübergießen. Zugedeckt im Kühlschrank etwa 24 Stunden ziehen lassen, dabei mehrmals wenden.
Zum Braten die Keule rundherum salzen und mit Pfeffer aus der Mühle würzen. Mit der Marinade in die Fettpfanne des Backofens geben. In den kalten Backofen (untere Schiene) schieben. Ofen auf 160 °C (Umluft 150 °C, Gas Stufe 2) schalten. Keule 1 1/2 Stunden schmoren, dabei einmal wenden und einige Male mit der Schmorflüssigkeit begießen. Kartoffeln schälen, waschen, um die Lammkeule legen und eine weitere Stunde schmoren. Lauchzwiebeln nur von den Wurzelansätzen und den welken Blättern befreien, waschen und in etwa 5 cm lange Stücke schneiden. Zum Lamm geben und etwa 30 Minuten mitschmoren.

Die Temperatur auf starke Oberhitze oder hohe Grillstufe schalten und die Keule 5 bis 10 Minuten überkrusten. Keule aus dem Ofen nehmen und vor dem Anschneiden 10 Minuten in Alufolie gewickelt ruhen lassen. Kartoffeln und Zwiebeln währenddessen im abgeschalteten Backofen heiß halten.

Unter den Lebensmitteln, die der Priester am Ostersonntag in der Kirche weihte, war Lammfleisch das wichtigste. Braten und Essen des geweihten Fleisches wurde danach ein großes Fest – am päpstlichen Hof beging man es sogar mit besonderer Feierlichkeit.

Eiernestchen und Osterkranz

Für 8 Eiernestchen

250 g Mehl
½ Päckchen Trockenhefe
1 EL Zucker
1 Prise Salz
abgeriebene Schale von
¼ unbehandelten Zitrone
knapp ⅛ Liter Milch
30 g Butter
1 zimmerwarmes Ei
8 rohe Eier
Zum Formen: Mehl
Für das Blech: Fett

Tip:
Für den Osterkranz auf dem Bild brauchen Sie 750 g Mehl, 1½ Päckchen Hefe, 3 Eßlöffel Zucker, 100 g Butter, ⅜ Liter Milch, 2 Eier, 1 Eigelb, Salz und Zitronenschale. Zwei Stränge rollen und wie auf dem Foto miteinander verschlingen. In den Kranz 4 bis 5 rohe Eier setzen; sie werden trotz der Backzeit von knapp 50 Minuten nicht zu hart.

Mehl, Hefe, Zucker, Salz und Zitronenschale in einer Schüssel mischen. Milch und Butter in einem Topf erwärmen, bis die Butter zerläuft. Mit dem Ei zum Mehl geben. Alles mit den Knethaken des Handrührgerätes 5 Minuten durchrühren, bis der Teig Blasen wirft und sich vom Schüsselrand löst. Teig zugedeckt bei Zimmertemperatur etwa 45 Minuten gehen lassen, bis sich sein Volumen verdoppelt hat.
Die Eier am runden Ende einstechen, damit sie beim Backen nicht platzen.
Teig in 8 Portionen teilen. Jede Portion auf der bemehlten Arbeitsfläche zu einem Strang von etwa 40 cm Länge rollen. Jeden Strang zu einer Spirale drehen und um ein Ei legen. Die Eiernestchen auf einem gefetteten Backblech 15 Minuten gehen lassen.
Blech in den kalten Backofen (mittlere Schiene) schieben. Ofen auf 180 °C (Umluft 160 °C, Gas Stufe 3) schalten und die Eiernestchen etwa 30 Minuten backen.
Auf ein Kuchengitter legen, die Eier sofort herausnehmen, kalt abschrecken und gut abtrocknen. Erkalten lassen, färben und wieder in die Nestchen geben.

*B*is zum 14. Jahrhundert wurde nach dem Vorbild des jüdischen Passahfestes an Ostern ungesäuertes Brot geweiht. Unser traditionelles Oster-Hefegebäck erinnert noch daran. Gefärbte Eier dazu sind typisch – früher waren sie meist wie die Osterfahne leuchtend rot, um sie für die Weihe in der Kirche als Ostereier kenntlich zu machen. Die Form Ihres Ostergebäcks bleibt Ihnen überlassen: Ein großer Kranz schmückt den Tisch wie Blumen. Kleine Nestchen mit individuell bemalten Eiern sind ein hübsches Geschenk oder, falls Sie die Eier mit dem Namen des Gastes bemalen, eine originelle „Platzkarte" beim festlichen Ostermahl.

OSTERLÄMMCHEN

Gas Stufe 2) schalten. Osterlamm etwa 30 Minuten backen. An der Unterseite ein Holzstäbchen in das Gebäck stechen und wieder herausziehen. Wenn nur ein paar Krümel, aber keine feuchten Teigreste mehr haften, ist es gar. Lamm herausnehmen und in der Form 20 Minuten ruhen lassen. Form öffnen, Lämmchen herauslösen und zum Erkalten auf ein Kuchengitter stellen. Mit Zuckerguß überziehen oder unmittelbar vor dem Servieren dick mit Puderzucker bestäuben.

90 g weiche Butter
75 g Zucker
½ TL abgeriebene Zitronenschale
½ TL Vanillezucker
1 großes zimmerwarmes Ei
175 g Mehl
1 TL Backpulver
etwa 4 EL Milch
Für die Form:
Fett und Mehl
Zum Überziehen:
weißer Zuckerguß oder Puderzucker
Zum Verzieren:
rotes Band und ein kleines Glöckchen

Tip:
Die Osterlamm- oder auch Hasen-Formen bekommen Sie in Haushaltwarengeschäften.

Butter mit Zucker, Zitronenschale und Vanillezucker schaumig rühren, bis die Masse elfenbeinfarben und sehr locker ist. Das Ei gerade so lange unterrühren, bis keine Eigelbspuren mehr im Teig zu sehen sind. Mehl mit Backpulver mischen, auf den Teig sieben und unterrühren, bis sich alles verbunden hat. Zuletzt so viel Milch untermischen, daß der Teig in langen Zapfen von den Quirlen des Rührgerätes abreißt. Osterlammform aufklappen, sehr gut fetten, mit Mehl ausstäuben und wieder zusammensetzen. Teig einfüllen und mit der Öffnung nach oben in die „Füßchen" klemmen. Form in den kalten Backofen (untere Schiene) schieben. Ofen auf 175 °C (Umluft 150 °C,

*W*ollen Sie Ihren Kindern beim gemeinsamen Frühstück die Ostergeschichte erzählen? Sie steckt in diesem kleinen Kuchenlämmchen, das Sie als Tischschmuck gebacken haben: Die weiß-gelbe Fahne bedeutet Christi Sieg über Sünde und Tod; das rote Band symbolisiert das Blut, das Jesus aus Liebe zu den Menschen vergossen hat; es verheißt neues Leben und die Wärme des beginnenden Jahres; das Glöckchen erinnert daran, daß sich der Sohn Gottes dem Willen seines Vaters unterworfen hat; und das weiß überzuckerte Lamm selbst ist Bild für das strahlende, blendende Licht, das Christus bei der Auferstehung umgab.

OSTERFLADEN

Für 20 Stücke

Für den Teig:
500 g Mehl
¼ Liter Milch
1 Würfel Hefe
50 g Zucker
100 g Butter
1 Prise Salz
abgeriebene Schale von
1 kleinen unbehandelten
Zitrone
1 Messerspitze gemahlener
Anis
einige Tropfen Arrak-Aroma
2 Eier
1 Eigelb

Zum Formen: Mehl

Für die Füllung:
1 säuerlicher Apfel
(etwa 150 g)
1 EL Zitronensaft
75 g gehackte Nußkerne
75 g Korinthen
½ TL Zimtpulver
2 EL Honig

Für das Blech: Fett

Zum Bestreichen und
Bestreuen:
50 g Butter und
2 EL Hagelzucker

Für dem Teig: Mehl in eine Schüssel geben. Für den Vorteig in die Mitte eine Mulde drücken. Milch lauwarm erhitzen. Hefe zerbröckeln und in der Mulde mit 2 Eßlöffeln Milch, 1 Teelöffel Zucker und etwas Mehl vom Rand verrühren, bis sie sich aufgelöst hat. Diesen Vorteig zugedeckt bei Zimmertemperatur 15 Minuten ruhen lassen, bis er sichtbar aufgegangen ist. Inzwischen die restliche Milch erwärmen und die Butter darin zerlaufen lassen. Vorteig mit dem gesamten Mehl verrühren. Die Milch-Butter-Mischung, den restlichen Zucker, Salz, abgeriebene Zitronenschale, Anis, Arrak, die zimmerwarmen Eier und das Eigelb hinzufügen. Alles mit den Knethaken des Handrührgerätes 5 Minuten durchrühren, bis der Teig Blasen wirft und sich vom Schüsselrand löst. Teig zugedeckt in einem kühlen Raum 12 Stunden oder über Nacht gehen lassen, bis sich sein Volumen verdoppelt hat. Arbeitsfläche mit Mehl bestäuben, Teig darauf noch einmal kräftig durchkneten und zu einem ovalen Fladen ausrollen.
Für die Füllung: Apfel vierteln, schälen, vom Kerngehäuse befreien und grob raspeln. Mit Zitronensaft, Nüssen, Korinthen, Zimt und

Honig vermischen und als Streifen in die Mitte des Fladens geben. Teig über der Füllung zusammenschlagen. Fladen auf ein gefettetes Backblech legen und zugedeckt weitere 15 Minuten gehen lassen.
Butter zerlassen und den Fladen damit bestreichen. Hagelzucker auf den Fladen streuen. Blech in den kalten Backofen (mittlere Schiene) schieben. Den Ofen auf 180 °C (Umluft 160 °C, Gas Stufe 3) schalten. Den Fladen etwa 50 Minuten backen.

*E*s gibt eine ganze Menge typisches Ostergebäck. Berühmt ist „Kulitsch" aus Rußland, ein zylinderförmiges Weißbrot, verziert mit Teigkringeln. Die älteste Gebäckform ist vermutlich der Fladen: Schon Griechen und Römer brachten Fladenbrote als Opfergaben dar. Der üppige, süße Osterfladen hier stammt aus Bayern.*

ENGLISCHE OSTERKEKSE

Für 2 Backbleche

250 g Mehl
100 g brauner Zucker
1 Prise Salz
¼ TL gemahlener Piment
¼ TL gemahlene Vanille
1 TL Kümmelkörner
1 Ei
1½ TL süßer Sherry
100 g weiche Butter

Mehl, Zucker, Salz, Piment, Vanille, Kümmel, Ei, Sherry und Butter in einer Schüssel vermischen. Auf die Arbeitsfläche geben und mit den Händen rasch zu einem glatten Teig kneten. In Folie gewickelt 1 Stunde kühlen. Aus dem Teig walnußgroße Kugeln formen und in weitem Abstand nebeneinander auf zwei Backbleche legen. Kugeln mit einem Glas flachdrücken und mit den Zinken einer Gabel leicht eindrücken, damit ein Muster entsteht.
Erstes Blech mit Keksen in den kalten Backofen (mittlere Schiene) schieben. Ofen auf 180 °C (Umluft 160 °C, Gas Stufe 3) schalten. Die Kekse auf dem ersten Blech etwa 20 Minuten, die auf dem folgenden etwa 15 Minuten backen, bis sie leicht gebräunt sind. Osterkekse vom Blech lösen und auf einem Kuchengitter erkalten lassen.

Stellen Sie sich vor: Ein tapferer Krieger königlichen Geblütes flieht nach verlorener Schlacht. Mitleidig nimmt eine Bauersfrau (jung und schön?) den Geschlagenen auf, versteckt ihn vor seinen Häschern und – backt erst mal Kekse zur Stärkung . . . Ob diese Geschichte wahr ist, weiß ich nicht. Jedenfalls wird sie erzählt und verschaffte den Osterkeksen hier, im Original „Sedgemoor Easter Cakes" genannt, Eingang in die kulinarische Überlieferung. Tatsächlich kommen die Kekse aus der Gegend um Bridgewater, Somerset, im Südwesten Englands. Und tatsächlich hat auch die Schlacht stattgefunden. Der tapfere Krieger war James Scott, Herzog von Monmouth. Er, illegitimer Sohn des verstorbenen Königs Karl II., wollte den englischen Thron für sich – und seinen Onkel, den regierenden Jakob II., verjagen. Doch die Schlacht von Sedgemoor am 16. Juli 1685 entschied gegen ihn: James Scott wurde vernichtend geschlagen, gefangen genommen und als Hochverräter enthauptet.

PAS'CHA

Für 10 Personen

1,25 kg Magerquark
½ Liter süße Sahne
6 Eigelb
125 g Butter
125 g Zucker
½–1 TL gemahlene Vanille
200 g Rosinen
200 g abgezogene
gehackte Mandeln

Tip:
*Das Loch am Boden des
Topfes gegebenenfalls auf
die Dicke eines Daumens
erweitern, damit die
Flüssigkeit aus der Pas'cha
gut abtropfen kann.*

Quark mit der Sahne verrühren.
Eigelb mit weicher Butter, Zucker
und Vanille schaumig rühren, bis
die Masse elfenbeinfarben ist.
Zuerst eßlöffelweise die Quark-
mischung, dann Rosinen und
Mandeln unterrühren.
Einen Blumentopf auf die Arbeitsfläche stellen und mit einem
Tuch auslegen. Die Quarkmasse
einfüllen und das Tuch darüber
zusammenlegen. Die Pas'cha mit
einem Stein beschweren und
über Nacht oder mindestens
12 Stunden so stehen lassen, daß
die Flüssigkeit ablaufen kann.
Zum Servieren den Stein entfernen, das Tuch aufschlagen und
die Pas'cha auf eine Platte stürzen.
Das Tuch vorsichtig entfernen.
Die Pas'cha mit einer echten
Rose oder einer Papierrose
verzieren.

*Das Rezept für die traditionelle
russische Osterspeise stammt
von einer meiner Bekannten, der
Tochter eines Gutsbesitzers aus
dem Baltikum. Sie hat mir erzählt, wie Ostern in ihrer Kindheit gefeiert wurde: „Nach dem
Kirchgang am Ostersonntag versammelten wir uns – Familie,
Gäste und Personal, bunt
gemischt – zum Frühstück an
einer mächtigen Tafel. Sie blieb
den ganzen Tag über gedeckt,
damit sich jeder bedienen konnte.
Es gab Heringe, Heringssalat,
Schinken, bunte Ostereier, verschiedene Brotsorten, Speck-
piroggen und Leberpastete. Zum
Abschluß schnitten wir die
Pas'cha auf – sie bröckelte dabei
ein wenig, und man holte sich
die Krümel noch mit einem Löffel
auf den Teller."
Diese Pas'cha schmeckt so
wunderbar, daß auch heute kein
Stückchen davon übrig bleibt. An
jedem Osterfest steht sie auf dem
Tisch der nun viel kleineren
Familie.*

OSTER-MENÜ

Rucolasalat mit Speck

Markklößchensuppe

Estragonhähnchen
mit neuen Kartoffeln

Schokoladeneis mit
Beeren und Orangensauce

WALNUSSBRÖTCHEN MIT BEERENMARMELADE

Für 12 Brötchen

Für die Brötchen:
400 g mehlig kochende
Kartoffeln
500 g Mehl
2 Päckchen Trockenhefe
½ EL Salz
1 Ei
200 ml Milch
50 g Butter
200 g gehackte Walnuß-
kerne

Für das Blech: Butter

Zum Formen: Mehl

Zum Bestreichen und
Bestreuen:
je 2 EL Sahne und Mohn
oder Sesam

Für die Marmelade:
300 g gemischte Tiefkühl-
beeren
300 g Gelierzucker
¼ TL Zimtpulver

Für die Brötchen: Kartoffeln mit der Schale in wenig Wasser weich kochen, schälen, mit einer Gabel fein zerdrücken und in einer Schüssel lauwarm abkühlen lassen. Mehl, Hefe, Salz und zimmerwarmes Ei zugeben. Milch und Butter in einem Topf erwärmen, bis die Butter zerlaufen ist. Zum Mehl gießen. Alles mit den Knethaken des Handrühr-gerätes etwa 5 Minuten durch-rühren, bis der Teig Blasen bildet. Teig zugedeckt an einem kühlen Ort über Nacht gehen lassen. Am nächsten Morgen auf der bemehlten Arbeitsfläche kräftig durchkneten, dabei die Nüsse unterkneten. 12 Brötchen formen und nebeneinander auf ein gefet-tetes Backblech legen. Mit Sahne bestreichen, mit Mohn oder Sesam bestreuen. Brötchen in den kalten Backofen (mittlere Schiene) schieben. Ofen auf 50 °C (Umluft 30 °C, Gas Stufe ½) schalten. Brötchen bei dieser Temperatur 15 Minuten ruhen lassen.
Ofen auf 200 °C (Umluft 180 °C, Gas Stufe 4) schalten. Brötchen etwa 45 Minuten backen. Lauwarm oder gerade eben ab-gekühlt servieren.
Für die Marmelade: gefrorene Beeren mit Gelierzucker mischen und stehen lassen, bis die Beeren aufgetaut sind und sich Saft gebil-det hat. Zimt untermischen. Bee-ren unter Rühren aufkochen und bei mittlerer Hitze unter ständi-gem Rühren etwa 2 Minuten kochen lassen, bis die Marmelade dick wird. Abkühlen lassen und bis zum Servieren im Kühl-schrank aufbewahren.

Die Brötchen sind meine Abwandlung eines alten irischen Rezepts, die Marmelade dazu der moderne Einfall einer Freundin. Beides könnnen Sie am Karsamstag für das festliche Osterfrühstück vorbereiten.

BROTAUFSTRICHE FÜR DEN BRUNCH

*K*räuter satt, als farbiger Frühlingsgruß und delikater Vitaminstoß! Nehmen Sie alles, was Sie kriegen können: In der Karwoche wird das frische Grün meist büschelweise beim Gemüsehändler und auf Wochenmärkten verkauft. Ein großes Vergnügen für Kinder ist Selbersammeln: Löwenzahn, Brennesseln, Giersch, Gundermann, Knoblauchhederich und Pimpinelle wachsen in Naturgärten, auf Wiesen, Waldlichtungen und an Wegrändern. Meiden Sie Schuttablageplätze, die Nähe von Straßen, Äckern und Feldern, denn dort kann die Schadstoffbelastung zu hoch sein. Und obwohl man sich mit Wildkräutern kaum vergiften kann, sollten Sie natürlich nur Pflanzen sammeln, die Sie genau kennen und deshalb zweifelsfrei bestimmen können. Für Anfänger gibt es eine ganze Reihe guter Kräuterbücher.

KRÄUTERKÄSECREME

1 Handvoll gemischte Kräuter oder 1 Päckchen gemischte tiefgefrorene Kräuter
100 g Salatgurke
5 Radieschen
250 g Kräuterfrischkäse
250 g Magerquark
2 EL saure Sahne
Salz
Cayennepfeffer

SARDELLENCREME

1 kleine Zwiebel
200 g Rahmfrischkäse
1 EL Sardellenpaste
2 EL süße Sahne
edelsüßes oder scharfes Paprikapulver
1 EL gehackte Petersilie, Löwenzahn, Brennesseln oder Kresse

KRÄUTERKÄSECREME

Kräuter waschen, trockentupfen und fein hacken. Gurke schälen und auf der Rohkostreibe fein raspeln. Radieschen waschen und fein zerkleinern. Frischkäse mit Quark und Sahne verrühren. Kräuter, Gurke und Radieschen untermischen. Creme mit Salz und Cayennepfeffer abschmecken. Schmeckt gut auf Baguette, Fladenbrot und Vollkornbrot.

SARDELLENCREME

Zwiebel sehr fein hacken. Mit Frischkäse, Sardellenpaste, Sahne und Paprikapulver nach Geschmack vermischen. Kräuter mit einer Gabel unterziehen. Schmeckt auf Weißbrot, Brötchen, Kräckern und Pumpernickel.

SPIEGELEIER MIT HÄUBCHEN

*Gebratene Eier für das Oster-
frühstück aus einem Koch-
buch von 1598. Der Autor, Frantz
de Rontzier, gibt verschiedene
Anregungen, Spiegeleier durch
Würze raffiniert zu verfeinern.
Die ungewöhnlichste für unseren
Geschmack: „ . . . man bestreut
sie mit Zucker und Zimt." Das
waren damals noch keine Aller-
weltsgewürze für Grießbrei und
Pflaumenkompott, sondern kost-
bare Spezereien, die de Rontzier,
Koch der Reichen und Schönen,
so verschwenderisch verstreute
wie seine modernen Kollegen
Kaviarkörnchen und Trüffel-
scheibchen.*

50 g Butter
4 Scheiben Kastenweiß-
brot
4 Eier
Salz
schwarzer Pfeffer
2 EL geriebener
Parmesankäse
1 EL gehackte Petersilie

Die Hälfte der Butter in einer
großen Pfanne zerlassen.
Weißbrotscheiben darin bei mittlerer bis schwacher Hitze auf beiden Seiten goldbraun braten.
Herausnehmen und auf heiße
Teller legen.
Restliche Butter in die Pfanne
geben, Eier darin bei mittlerer bis
schwacher Hitze als Spiegeleier
braten. Mit Salz und Pfeffer würzen, auf die Brote legen. Mit
Parmesan und Petersilie bestreut
servieren.

GRAVED LACHS MIT SENFSAUCE

Für 10 Personen

Für den Graved Lachs:
1 kg Lachsfilet mit Haut
1 Bund Dill
1 EL weiße Pfefferkörner
1 EL Senfkörner
3 EL grobes Meersalz
1 ½ EL Zucker

Für die Senfsauce:
1 Eigelb
2 EL scharfer Kräutersenf
2 EL Zitronensaft
1 EL Zucker
Salz
weißer Pfeffer
⅛ Liter Öl
2 EL saure Sahne
1 Bund Dill

Zum Garnieren:
Zitronenachtel, Dill

Für den Graved Lachs: Fisch mit der Hautseite nach unten in eine Gratinform aus Glas oder Porzellan legen. Gräten mit einer Pinzette herauszupfen. Dill waschen, Stiele abschneiden und um den Lachs verteilen. Dillblättchen fein hacken. Pfeffer- und Senfkörner im Mörser zerdrücken. Mit gehacktem Dill, Salz und Zucker mischen und über den Lachs geben. Fisch zuerst mit einem Stück Haushaltsfolie, dann mit einem Küchenbrett abdecken. Das Brett mit Konservendosen oder Gläsern mit Wasser beschweren. Lachs im Kühlschrank mindestens 24 Stunden ruhen lassen. Dabei zwei- oder dreimal mit der Gewürzlake begießen, die sich beim Beizen bildet.
Für die Senfsauce: Eigelb, Senf, Zitronensaft, Zucker, Salz und Pfeffer aus der Mühle mit einem Schneebesen kräftig verrühren. Öl zuerst tropfenweise, dann in dünnem Strahl zugeben und weiterrühren, bis eine Mayonnaise entstanden ist. Saure Sahne und fein gehackten Dill unmittelbar vor dem Servieren untermischen. Zum Servieren den Lachs aus der Lake nehmen, gut abtropfen lassen und die Gewürze mit einem Messer abstreifen. Fisch mit der Hautseite nach unten auf ein

Brett aus Marmor, Glas, Porzellan oder Plastik legen und mit einem langen, biegsamen Messer schräg von der Haut abschneiden. Scheiben auf einer Platte mit Zitronenachteln und Dillzweigen anrichten. Die Senfsauce dazu servieren. Außerdem: Baguette, Toast oder Vollkornbrot.

*B*eim Anblick von selbstgemachter Mayonnaise packt viele Leute die Salmonellen-Angst. Damit Sie beim Osterbrunch davon verschont bleiben, hier ein paar Tips zum richtigen Umgang mit rohen Eiern. Kaufen Sie möglichst Eier von freilaufenden Hühnern und nicht aus Massentierhaltung. Vor dem Rühren der Mayonnaise den Frischetest machen: Ein durchsichtiges Gefäß mit kaltem Wasser füllen und das Ei hineinlegen. Bleibt es flach oder nur leicht nach oben geneigt am Boden des Gefäßes liegen, können Sie es verwenden. Die Mayonnaise gleich nach der Zubereitung kühlen und höchstens zwölf Stunden aufbewahren. Vor dem Servieren nur etwa 30 Minuten bei Zimmertemperatur stehen lassen, damit sich das Aroma entfalten kann. Reste, die Sie beim Abräumen des Büfetts entdecken, wegwerfen.*

CHAMPIGNONS GRIECHISCHE ART

500 g feste Champignons
mit geschlossenen Köpfen
Saft und etwas abgeschnit-
tene Schale von
1 unbehandelten Zitrone
¼ Liter trockener
Weißwein
½ Bund Thymian
5 weiße Pfefferkörner
1 Lorbeerblatt
1 Tomate
2 Lauchzwiebeln
2 Knoblauchzehen
100 ml Olivenöl
½ Bund Basilikum

Pilze waschen und in eine Schüssel geben. Mit Zitronensaft und
-schale, Wein, gewaschenen
Thymianzweigen, Pfefferkörnern
und Lorbeerblatt mischen und
zugedeckt ziehen lassen, bis die
anderen Zutaten vorbereitet sind.
Tomate abziehen und würfeln.
Zwiebeln putzen, waschen und
mit dem Zwiebelgrün in feine
Ringe schneiden. Knoblauch
hacken. Öl in einer großen Pfanne
erhitzen. Zwiebeln und Knoblauch darin bei schwacher Hitze
in etwa 5 Minuten weich braten.
Pilzmischung und Tomate zugeben und einmal aufkochen.
Zugedeckt bei schwacher Hitze
knapp 5 Minuten kochen lassen.
Erkalten lassen und zugedeckt
mindestens 5 Stunden im Kühlschrank marinieren.
Unmittelbar vor dem Servieren
mit dem gehackten Basilikum
vermischen.

*Eine Vorspeise der einfach-
sten Art, die Sie am Tag vor
dem Festessen zubereiten können. Nach dem Marinieren müssen die Pilze etwa eine Stunde
bei Zimmertemperatur ziehen,
damit sich das Aroma entfalten
kann. Statt des frischen Basilikums
tun es natürlich auch tiefgefrorene
Kräuter, die grundsätzlich viel
intensiver schmecken und mehr
Vitamine enthalten als ein
lasches Kräuterbündel.*

EIERSALAT MIT KRABBEN UND GEMÜSE

200 g Krabbenfleisch
1 EL Zitronensaft
300 g tiefgefrorene Erbsen
4 hartgekochte Eier
50 g gemischte Kräuter
wie Petersilie, Schnitt-
lauch, Kerbel und
Sauerampfer
1 Avocado
1 Lauchzwiebel
1 kleiner Zucchino
100 g Crème fraîche
100 g Magerjoghurt
1 TL scharfer Kräutersenf
Salz
weißer Pfeffer
1 TL Olivenöl

Krabben mit Zitronensaft vermischt ziehen lassen, bis alle
anderen Zutaten vorbereitet sind.
Erbsen in wenig Wasser aufkochen und zugedeckt bei schwacher Hitze in etwa 5 Minuten
bißfest garen. Abgießen und
abtropfen lassen. Eier schälen
und grob hacken. Kräuter
waschen, trockentupfen und fein
hacken. Avocado halbieren, Kern
und Schale entfernen, Hälften
würfeln. Lauchzwiebel in dünne
Ringe, Zucchino in dünne Stifte
schneiden. Alle diese Zutaten mit
Eiern, Erbsen und Krabben in
eine Schüssel geben.
Crème fraîche mit Joghurt, Senf,
Salz, Pfeffer und Öl verrühren,
über den Salat geben und alles
mischen.

Mit diesem frühlingsfrischen Salat können Sie natürlich den Osterbrunch bereichern. Oder das Problem der übrig gebliebenen Ostereier lösen. Wetten, daß das keiner merkt, wenn Sie am Dienstag nach den Feiertagen zum Abendessen diese feine Mischung aus Krabben, zartem Gemüse, würzigen Kräutern und Eiern servieren?

RINDFLEISCHSALAT MIT BOHNEN

Für 8–10 Personen

400 g gekochtes Rind-
fleisch
2 Lauchzwiebeln
1 rote Paprikaschote
1 grüne Paprikaschote
1 kleine Fenchelknolle
½ Bund Petersilie
2 Dosen weiße Bohnen
(Füllmenge je etwa 400 g)
1–2 EL Tomaten (Dose)

Für das Dressing:
1 gehäufter TL Instant-
brühe
¾ Tasse kochendes
Wasser
1 EL scharfer Senf
3 EL Rotweinessig
6 EL Olivenöl
Salz
schwarzer Pfeffer

Fleisch vom Fett befreien und zuerst in dünne Scheiben, dann in knapp fingerbreite Streifen schneiden. Geputzte Lauch-zwiebeln in dünne Ringe, geputzte Paprikaschoten in Streifen schneiden. Fenchelknolle halbie-ren und waschen. Strunk ent-fernen, Fenchelhälften quer zu den Fasern in dünne Scheiben schneiden. Zartes Fenchelgrün und Petersilie fein hacken. Bohnen abtropfen lassen. Alle diese Zu-taten mit den Zomaten in eine Schüssel geben.

Für das Dressing: Brühe mit dem Wasser verrühren und etwas abkühlen lassen. Senf, Essig und Öl zugeben und alles zu einer glatten Salatsauce verrühren. Über die Salatzutaten gießen und alles mischen. Salat zugedeckt mindestens 2 Stunden ziehen lassen.

Vor dem Servieren mit Salz und Pfeffer abschmecken.

Ideal für den Osterbrunch: alle Zutaten am Vorabend klein-schneiden, mischen und zu-gedeckt in ein kühles Zimmer stellen. Das Dressing in einem Schraubglas wie im Cocktail-shaker mixen und in den Kühl-schrank stellen. 2 Stunden vor dem Servieren über den Salat gießen und alles mischen.

SPARGELSALAT MIT ZUCKERSCHOTEN

Eine Empfehlung zum Spargel-kochen: „Denke daran, daß der Spargel knacken muß, wenn man darauf beißt, und seine grüne Farbe behalten soll, weil er sonst nur faserig ist . . . Wenn er sich leicht biegen läßt, ist er zer-kocht, was sich nicht schickt und den Geschmack beleidigt."
Dies stammt nicht etwa vom deutschen Ober-Feinschmecker Wolfram Siebeck, sondern von einem anonym gebliebenen Franzosen, der schon im Jahre 1674 die Nouvelle Cuisine verkündet hat.

Alljährlich am Ostermontag werden beim Sankt-Georgi-Ritt von Traunstein zur Ettendorfer Kapelle die Pferde gesegnet.

600 g grüner Spargel
150 g Zuckerschoten
Salz
2 EL milder Weißweinessig
3 EL Öl
weißer Pfeffer
1 EL Kerbelblättchen

Die Spargelstangen schälen, holzige Enden abschneiden. Zuckerschoten waschen und putzen. Spargel in reichlich kochendes Salzwasser geben, einmal aufkochen und zugedeckt bei schwacher Hitze 5 Minuten garen. Zuckerschoten zugeben, erneut aufkochen und weitere 5 Minuten garen. Gemüse mit einem Schaumlöffel herausnehmen und auf einer tiefen Platte anrichten.
Von der Kochbrühe einen Viertelliter abmessen, mit Essig und Öl vermischen und über das Gemüse gießen. Den Salat mit Pfeffer würzen und lauwarm abkühlen lassen.
Unmittelbar vor dem Servieren mit dem Kerbel bestreuen.

RUCOLASALAT MIT SPECK

200 g Rucolablätter
Salz
schwarzer Pfeffer
50 g Räucherspeck
2 EL Wasser
1 ½ EL Weißweinessig
½ TL scharfer Senf
4 EL Olivenöl

Tip:
Sie können das Kräutlein
auch leicht selbst ziehen
und den ganzen Sommer
über ernten: im Balkon-
kasten, in großen Töpfen
und natürlich im Gemüse-
beet; die Samen gibt es in
Gartencentern.

Rucola waschen, trockenschwenken und nach Wunsch grob zerkleinern. Auf Tellern anrichten
und mit wenig Salz und mit Pfeffer aus der Mühle bestreuen.
Speck zuerst in dünne Scheiben,
dann in Streifen schneiden.
Knorpel dabei entfernen. Speck-
streifen in eine kleine Pfanne
geben und bei schwacher bis
mittlerer Hitze glasig braten.
Über den Rucolablättern verteilen.
Wasser in die Pfanne geben.
Bratfond damit lösen. Etwas ab-
gekühlt mit Essig, Senf und Öl
verrühren und mit einem Teelöffel über den Salatportionen
verteilen.

*R*ucola heißt sie in Italien,
Roquette in Frankreich,
Rauke bei uns: Wegen ihres
scharfen und nußartigen
Geschmacks war sie im Mittel-
alter sehr beliebt als Salat- und
Würzpflanze. Man zog das Kraut
in Bauern- und Klostergärten
oder sammelte die Blätter, die
wild auf Mauerwerk und steini-
gem Grund wuchsen. Als man
dann Mitte unseres Jahrhunderts
streng zwischen Küchenkräutern
und Unkraut zu unterscheiden
begann und sich deshalb auf Dill,
Schnittlauch und Petersilie
beschränkte, vergaß man die
Rauke.
Erst die Vorliebe für fremde
Küchen – vor allem die provenza-
lische und italienische – brachte
Rauke wieder zu kulinarischen
Ehren. Zu kaufen gibt es die
zarten Blätter in gut sortierten
Gemüseläden und auf Märkten.

FEINE FISCHSUPPE MIT SAFRAN

2 rohe Hummerkrabben-
schwänze
1 Bund Suppengrün
1 Schalotte
3 Zweige Petersilie
3 weiße Pfefferkörner
1 EL Olivenöl
1 TL Safranfäden
1/8 Liter Wasser
100 g Steinbuttfilet
100 g Lachsfilet
1 Liter Fischfond (Glas)
3 EL trockener Sherry
1 EL Zitronensaft
Salz

Hummerkrabben kalt abspülen. Panzer am Rücken mit einer Küchenschere aufschneiden, abziehen und für die Brühe beiseite legen. Den Darm entfernen, der wie ein schwarzer Faden am Rücken der Krabben entlangläuft. Suppengrün putzen, Schalotte schälen, Petersilienstiele abschneiden. Diese Zutaten grob zerkleinern. Pfefferkörner mit einer Messerklinge zerdrücken. Öl in einem Topf erhitzen. Hummerkrabbenpanzer, Suppengrün, Schalotte, Petersilienstiele, Pfefferkörner und Safran darin bei mittlerer Hitze unter Rühren etwa 2 Minuten braten. Wasser zugießen, aufkochen und die Brühe zugedeckt 20 Minuten bei schwacher Hitze kochen. Inzwischen Hummerkrabben, Steinbutt und Lachs in etwa fingerbreite Stücke schneiden. Petersilienblättchen fein hacken. Fischbrühe durch ein feines Sieb in einen anderen Topf gießen. Panzer und Gemüse mit einem Löffel etwas ausdrücken und wegwerfen. Fischfond, Sherry, Zitronensaft und eine kräftige Prise Salz zur Brühe geben und unter Rühren aufkochen. Topf von der Kochstelle nehmen. Fischstücke und Hummerkrabben in die Suppe geben und zugedeckt

3 Minuten ziehen lassen; dabei die Suppe bei schwächster Hitze heiß halten, aber nicht kochen lassen.
Suppe auf vorgewärmten Tellern verteilen und mit der Petersilie bestreut sofort servieren.

Zugegeben: Dieses Süppchen ist teuer. Denn Sie brauchen wirklich besten Fisch von einem Händler, der auf Qualität achtet. Verlassen Sie sich auf Ihre Nase – im wahrsten Sinne des Wortes: je weniger Fischgeruch im Laden, desto frischer der Fisch. Der typische Geruch entsteht nämlich erst, wenn der Fisch länger liegt: durch chemische Umwandlung des Fischfettes.

MARKKLÖSSCHENSUPPE

*E*del, klassisch und wirksam gegen Küchenstreß an Festtagen: Brühe und Klößchen können Sie nämlich schon vorab kochen und einfrieren. Zum Servieren die gefrorenen Markklößchen in der heißen Brühe etwa 10 Minuten ziehen, aber nicht kochen lassen.

Rindermark läßt sich leicht an einem Stück aus dem Knochen drücken, wenn Sie es zuvor eingeritzt haben.

½ altbackenes Brötchen
40 g Rindermark (von
2 großen Markknochen)
40 g Semmelbrösel
(Paniermehl)
1 Ei
Salz
frisch geriebene
Muskatnuß
1 TL Majoran oder
Petersilie, frisch gehackt
600 ml Fleischbrühe
2 EL Schnittlauchröllchen

Brötchen in heißem Wasser einweichen und wieder sehr gut ausdrücken. Rindermark in Scheiben schneiden und bei schwacher Hitze so weich werden lassen, daß es sich wie Butter rühren läßt. Eventuell vorhandene Knochensplitter und rote Blutgefäße entfernen. Mark schaumig rühren. Brötchen, Semmelbrösel, Ei, Salz, Muskat und Majoran unterrühren. Aus dem Teig 16 kleine Klößchen formen. Brühe aufkochen. Klößchen einlegen und im offenen Topf bei schwacher Hitze 10 Minuten ziehen lassen.
Suppe auf heißen Tellern verteilen und mit dem Schnittlauch bestreut sofort servieren.

GEMÜSEKUCHEN

Für 12 Stücke

Für den Teig:
500 g Mehl
1 Päckchen Trockenhefe
1 TL Salz
½ Liter Wasser
1 EL Öl

Für den Belag:
1 große Fenchelknolle
2 kleine Zucchini
1 Bund Lauchzwiebeln
1 Knoblauchzehe
1 EL Butter
Salz
Cayennepfeffer
1 Bund Petersilie
100 g Bergkäse
⅜ Liter Milch
1 Ei

Für das Backblech:
Fett

Zum Bestreuen:
50 g Sesamsamen

Für den Teig: Mehl, Hefe und das Salz in einer Schüssel vermischen. Wasser und Öl dazugießen. Alles mit den Knethaken des Handrührgerätes etwa 5 Minuten durchrühren, bis der Teig Blasen bildet. Teig zugedeckt bei Zimmertemperatur gehen lassen, bis der Belag vorbereitet ist. Oder über Nacht in einem kühlen Raum ruhen lassen.

Für den Belag: Fenchel halbieren, Strunk herausschneiden, die Hälften waschen und quer zu den Fasern in dünne Scheiben schneiden. Zucchini waschen, putzen und in Stifte schneiden. Lauchzwiebeln putzen, waschen und mit allen saftigen grünen Blättern in dünne Ringe schneiden. Knoblauch fein hacken. Butter in einer Pfanne erhitzen. Zerkleinertes Gemüse und Knoblauch unter ständigem Wenden darin bei starker bis mittlerer Hitze etwa 5 Minuten schmoren, bis das Gemüse knapp weich ist. Mit Salz und Cayennepfeffer kräftig würzen und lauwarm abkühlen lassen. Petersilie hacken, Käse fein reiben. Beide Zutaten, Milch und Ei mit dem Gemüse verrühren.

Ein Backblech fetten. Den Teig dünn ausrollen, darauflegen, einen Rand hochdrücken und den Belag darauf verteilen. Sesam darüberstreuen. Blech in den kalten Backofen (mittlere Schiene) schieben. Den Ofen auf 180 °C (Umluft 160 °C, Gas Stufe 3) schalten. Den Gemüsekuchen etwa 40 Minuten backen. Lauwarm oder kalt servieren.

Hefeteig braucht zum Gehen keine Wärme, sondern nur Ruhe. Deshalb können Sie den Teig für Gemüsekuchen schon am Vorabend zubereiten und über Nacht zugedeckt an einen kühlen Ort stellen. Morgens ist der Teig dann genau richtig zum Belegen, und der Kuchen kommt zum Osterbrunch frisch aus dem Ofen. Mit kalt gegangenem Hefeteig werden auch Brot oder Brötchen zum Frühstück, Napf- oder Blechkuchen zum Kaffee wunderbar feinporig und besonders aromatisch.

NUDELN MIT SPINAT UND KÄSESAUCE

bei schwacher Hitze kochen lassen, bis die Sauce dick ist. Spinat untermischen und die Sauce zugedeckt warm halten. Reichlich Salzwasser aufkochen. Nudeln darin in 4 bis 6 Minuten bißfest garen. Abgetropfte Nudeln mit der Sauce vermischen und sofort servieren.

Selbstgemachte Nudeln erheben das einfachste Pastagericht zum Festessen. Die Eigenproduktion ist ganz einfach, die Nudeln können Sie vorab zubereiten und auf Küchentüchern ausgebreitet bis zum Garen liegenlassen – die Zeit spielt keine Rolle. Nur Nudeln für den Vorrat müssen einige Tage bei Zimmertemperatur liegen, damit sie ganz trocknen und beim Aufbewahren nicht schimmeln.

Nudeln werden mit natürlichen Zutaten schön farbig und besonders delikat. Mit püriertem Spinat erhält man eine grüne Farbe, mit Safran ein sattes Gelb, mit Tomatenmark eine Orangetönung, mit feingehackten Kräutern gesprenkelte Nudeln und mit Rote-Bete-Saft ein Himbeerrot.

Für die Nudeln:
200 g Mehl
1/2 TL Salz
2 kleine Eier (Gewichtsklasse 5, je 50 g)
1 Eigelb
eventuell kaltes Wasser
1 EL Öl

Für den Spinat:
150 g Spinat
1/4 Liter süße Sahne
75 g frisch geriebener Parmesankäse
1 TL Butter
Salz
weißer Pfeffer
geriebene Muskatnuß

Für den Nudelteig: Mehl, Salz, Eier, Eigelb und Öl zu einem glatten Teig verkneten. Falls der Teig auch nach dem Kneten bröckelt, ist er zu trocken. Tropfenweise kaltes Wasser unterkneten. Zugedeckt bei Zimmertemperatur 1 Stunde ruhen lassen.
Teig portionsweise in der Nudelmaschine oder auf wenig Mehl sehr dünn ausrollen und 10 Minuten trocknen lassen. Platten zu breiten Nudeln schneiden.
Für den Spinat: Spinat verlesen, waschen, trockenschwenken und mit dem Wiegemesser fein hacken. Sahne mit Parmesan, Butter, einer kräftigen Prise Salz, Pfeffer aus der Mühle und Muskat in einen Topf geben, unter ständigem Rühren aufkochen und

KARTOFFELGRATIN MIT ZUCCHINI

600 g Kartoffeln
200 g kleine Zucchini
Salz
weißer Pfeffer
¼ Liter süße Sahne
100 ml Milch
50 g geriebener Käse
1 EL Butter

Geschälte Kartoffeln und gewaschene Zucchini auf dem Gurkenhobel in dünne Scheiben hobeln. Scheiben in einer flachen Gratinform verteilen und mit Salz und Pfeffer würzen. Sahne mit Milch vermischen und darübergießen. Gratin mit dem Käse bestreuen. Butter in kleine Stücke teilen und darauflegen. Form in den kalten Backofen (untere Schiene) stellen. Ofen auf 200 °C (Umluft 180 °C, Gas Stufe 4) schalten. Gratin etwa 45 Minuten backen, bis die Kartoffeln weich sind, die Flüssigkeit aufgesogen und die Oberfläche schön gebräunt ist.

*B**ei dieser Variante des klassischen „Gratin dauphinois" steuern Zucchini die Farbe des Frühlings bei und machen das Gratin so saftig, daß es Schnitzel, Kalbskoteletts oder Steaks aus der Pfanne zum schnellen, doch erlesenen Festessen für zwei ergänzt. Auf der großen Tafel paßt es hervorragend zu Entenbrust in Portweinsauce (Rezept Seite 168).*
Die Mengen können Sie beliebig variieren: Nehmen Sie eine Form, die so groß ist, daß die Scheiben höchstens zwei Finger hoch darin liegen; für viele Gäste eignet sich die Fettpfanne des Backofens. Die Flüssigkeit so bemessen, daß sie gerade eben bis zur obersten Schicht reicht. Immer eine Mischung aus Sahne oder Crème fraîche und Milch verwenden; Milch allein oder gar Wasser schmeckt nicht. Nach der Hälfte der Backzeit nachsehen: Die Flüssigkeit muß am Rand des Gratins sichtbar kochen, also hohe Blasen werfen. Gegebenenfalls noch etwas Sahne zugießen.

ENTENBRUST IN PORTWEINSAUCE

2 Flugentenbrüste ohne
Knochen zu je etwa 300 g
Salz
schwarzer Pfeffer
2 Hühnerflügel
2 Schalotten
2 EL Butter
⅛ Liter kräftige Hühner-
brühe
4 Zweige Thymian
1 EL Öl
¼ Liter trockener Rotwein
5 cl Portwein

Tip:
*Manchmal bekommt man
auch Entenbrüste mit Kno-
chen. Die Hühnerflügel
brauchen Sie dann nicht:
Lassen Sie die Brüste vom
Händler auslösen und neh-
men Sie die grob zerklei-
nerten Knochen für den
Fond mit.*

Entenbrüste von den Knochen lösen und auf der Hautseite mit Salz und Pfeffer einreiben. Zugedeckt in den Kühlschrank stellen, bis der Fond für die Sauce zubereitet ist.

Hühnerflügel mit der Geflügelschere grob zerkleinern. Geschälte Schalotten hacken. Einen halben Eßlöffel Butter in einer Kasserolle zerlassen. Schalotten und Knochen darin unter häufigem Wenden bei mittlerer Hitze etwa 5 Minuten braten. Brühe zugießen, Bratfond unter Rühren damit lösen. Thymian zugeben, Brühe aufkochen und zugedeckt bei schwacher Hitze 30 Minuten kochen.

Durch ein Sieb in einen anderen Topf gießen und bei starker Hitze unter ständigem Rühren auf etwa die Hälfte der Menge einkochen. Diesen Fond mit Küchenpapier entfetten und für die Sauce beiseite stellen.

Für die Entenbrüste das Öl und einen Eßlöffel Butter in einem Bräter erhitzen. Den Rest der Butter in kleine Stücke teilen und für die Sauce in das Tiefkühlgerät oder Gefrierfach stellen.

Backofen auf 200 °C (Umluft 180 °C, Gas Stufe 4) vorheizen. Entenbrüste mit der Hautseite nach unten in die Öl-Butter-

Mischung legen und bei starker Hitze etwa 3 Minuten anbraten. Fleisch wenden und zugedeckt bei mittlerer bis schwacher Hitze 15 Minuten schmoren.

Herausnehmen, in Alufolie wickeln und 10 Minuten in den Ofen schieben. Danach herausnehmen und bis zum Aufschneiden etwa 5 Minuten in der Folie ruhen lassen.

Inzwischen die Sauce zubereiten: Mit einem Eßlöffel etwas Bratfett aus dem Bräter nehmen. Den Fond in den Bräter gießen und den Bratfond damit lösen. Nach und nach Rotwein und Portwein zugießen und bei starker Hitze unter Rühren dickflüssig einkochen lassen. Eisgekühlte Butterstückchen mit einem Schneebesen einrühren.

Entenbrust in Scheiben schneiden und mit der Sauce auf heißen Tellern anrichten. Dazu passen Kartoffelgratin mit Zucchini (Rezept Seite 166) oder Reis und feine Gemüse wie Spargel, Zuckerschoten oder Spinat.

*E*dles Geflügel in raffinierten Zubereitungen – früher Speise *des weltlichen und geistlichen Adels, vornehmer Bürger und reicher Bauern – ist auch heute noch ein Festessen.*

ESTRAGON-HUHN MIT PILZEN

1 Zwiebel
1 Knoblauchzehe
1 Bund Estragon (oder Petersilie)
½ unbehandelte Zitrone
1 Huhn von etwa 2 kg
Salz
weißer Pfeffer
⅛ Liter Hühnerbrühe
250 g Champignons
200 g Crème fraîche
1 EL grüner Pfeffer (frisch oder eingelegt)

Zwiebel und Knoblauch schälen, fein hacken und in einen großen Bräter geben. Estragonblätter abzupfen. Etwa ein Drittel davon für die Sauce beiseite legen. Den Rest mit einem großen Stück dünn abgeschnittener Zitronenschale auf die Zwiebeln legen. Zitronensaft auspressen und für die Pilze beiseite stellen.

Das Huhn in 12 Teile zerlegen und dabei soviel Fett wie möglich entfernen. Hühnerstücke mit Salz und Pfeffer einreiben und nebeneinander in den Bräter legen. Hühnerbrühe an den Seiten zugießen. Bräter zugedeckt in den kalten Backofen (untere Schiene) stellen. Den Ofen auf 200 °C (Umluft 180 °C, Gas Stufe 3) schalten. Das Huhn zugedeckt 45 Minuten schmoren lassen. Deckel abnehmen und das Huhn weitere 45 Minuten schmoren; es ist gar, wenn beim Anstechen kein Blut, sondern klarer Saft ausläuft.

Während das Huhn schmort, Pilze putzen, waschen und mit dem Zitronensaft vermischen. Hühnerstücke aus der Schmorflüssigkeit nehmen, auf eine Platte geben und im abgeschalteten Backofen warm halten.

Bräter auf die Kochstelle setzen. Pilze zugeben. Schmorflüssigkeit bei starker Hitze unter ständigem Rühren dickflüssig einkochen. Dabei nach und nach die Crème fraîche zugeben. Grünen Pfeffer und übrig behaltene Estragonblättchen daruntermischen. Sauce zum Huhn servieren.

Dazu: Reis, Nudeln oder Kartoffelrösti.

*M*it einem Minimum an Aufwand ein Maximum an Begeisterung bei Tisch erzielen – das streben alle Leute an, die ihre Küche nicht als Hobbyraum verstehen. Da ist geschmortes Huhn oder Hähnchen genau richtig: Das Fleisch bleibt auch ohne Aufsicht zart, Estragon, grüner Pfeffer und Pilze geben feine Würze. Für ganz Bequeme: Pilze gleich mit dem Huhn schmoren, Sauce nicht einkochen und statt der genannten Beilagen ganz frisches Baguette zum Auftunken servieren.

SCHWEINEROLLBRATEN

Für 8 Personen

2 kg Schweinekamm
(ohne Knochen)
Salz
schwarzer Pfeffer
3 Scheiben roher Schinken

Für die Füllung:
1 Scheibe Toastbrot
50 g Pinien- oder Pistazienkerne
100 g Parmesankäse
3 Knoblauchzehen
1 Bund gemischte frische
Kräuter wie Salbei,
Oregano, Thymian und
Petersilie
1 EL Öl
2 EL Tomatenmark
1/8 Liter Wasser
1 Bund Suppengrün
1 Zwiebel
3/8 Liter dunkles Bier,
trockener Rotwein oder
Fleischbrühe

Fleisch vom Metzger zu einer großen Scheibe schneiden lassen. Mit Salz und Pfeffer einreiben, auf die Arbeitsfläche legen und mit den Schinkenscheiben belegen.

Für die Füllung: Toastbrot, Pinienkerne, zerbröckelten Parmesankäse, geschälten Knoblauch und gewaschene Kräuter im Blitzhacker oder Mixer fein zerkleinern. Füllung auf dem Fleisch verteilen, rundherum am Rand etwa 2 Zentimeter frei lassen. Fleisch aufrollen und mit Küchengarn zum Rollbraten binden. Das Öl in einem Bräter erhitzen. Den Rollbraten darin rundherum bei starker Hitze etwa 15 Minuten anbraten, bis das Fleisch eine Kruste hat. Tomatenmark zugeben und kurz mitrösten. Wasser zugießen und den Bratfond damit lösen. Bräter zugedeckt in den kalten Backofen (untere Schiene) stellen. Rollbraten bei 180 °C (Umluft 160 °C, Gas Stufe 3) etwa 45 Minuten schmoren.
Inzwischen Suppengrün waschen, Zwiebel schälen und halbieren. Alles neben das Fleisch legen. Etwa einen Achtelliter von Bier, Wein oder Brühe zugießen. Temperatur auf 150 °C (Umluft 140 °C, Gas Stufe 1 1/2)

zurückschalten. Fleisch weitere 45 Minuten schmoren.
Den Braten wenden und noch einmal etwa 30 Minuten garen, bis er weich ist. Dabei nach und nach den Rest von Bier, Wein oder Brühe zugießen.
Fleisch auf den Rost legen. Mit der Fettpfanne darunter im abgeschalteten Ofen bei geöffneter Backofentüre 15 Minuten ruhen lassen.
Sauce durch ein Sieb gießen und nach Wunsch entfetten. Wieder in den Bräter geben und aufkochen. Dabei den Bratensatz unter Rühren lösen. Fleisch in Scheiben schneiden, auf Tellern anrichten und mit Sauce überziehen.

Italienisch-deutsche Allianz auf der österlichen Festtafel: Die Füllung aus Pinienkernen, Parmesan und Kräutern verleiht dem deutschen Schweinebraten einen Hauch von südlicher Raffinesse. Mit Bier zubereitet schmeckt die Sauce zu Klößen und Gemüse wie Rosenkohl. Zur leichteren Version mit Wein oder Brühe passen besser neue Kartoffeln und Spinat mit Knoblauch und Olivenöl. Oder – ganz einfach – knuspriges Baguette und gemischter Salat.

ROASTBEEF MIT SAUCE BÉARNAISE

Für 10 Personen

2 kg Roastbeef mit Fett-
schicht
schwarzer Pfeffer

Für die Sauce:
1 Handvoll frische
Estragon- und Kerbel-
blättchen gemischt
2 Schalotten
4 weiße Pfefferkörner
100 ml trockener
Weißwein
4 EL Estragonessig
250 g Butter
3 Eigelb
3 EL warmes Wasser
Salz
Cayennepfeffer

Backofen auf 240 °C (Umluft 220 °C, Gas Stufe 5) vorheizen. Roastbeef trockentupfen. Fettschicht mit einem scharfen Messer rautenförmig einschneiden, ohne dabei das Fleisch einzuritzen. Fleisch rundherum mit Pfeffer aus der Mühle einreiben und mit der Fettschicht nach oben auf den Rost des Backofens legen. Mit der Fettpfanne darunter in den Ofen (untere Schiene) schieben. Fleisch 20 Minuten braten.
Temperatur auf 200 °C (Umluft 180 °C, Gas Stufe 4) zurückschalten. Roastbeef etwa 25 Minuten braten, bis es auf Druck mit einem Gabelrücken elastisch nachgibt; dann ist es rosa gebraten. Fleisch herausnehmen und mit Alufolie bedeckt 15 Minuten ruhen lassen.
Während das Fleisch brät, die Sauce zubereiten: Kräuterblättchen fein hacken. Etwa die Hälfte davon auf einem Teller beiseite stellen. Den Rest mit den gehackten Schalotten, zerdrückten Pfefferkörnern, Wein und Essig in einem kleinen Topf aufkochen. Unter Rühren bei mittlerer Hitze auf etwa 1 Eßlöffel Flüssigkeit einkochen lassen und durch ein kleines Teesieb gießen. Feste Teile ausdrücken und wegwerfen.

Butter zerlassen und dabei erhitzen, bis Dampf aufsteigt. Die eingekochte Kräuterflüssigkeit, Eigelb und Wasser in eine Schüssel geben und über einem warmen Wasserbad mit den Quirlen des Handrührgerätes zu einer cremigen Sauce aufschlagen. Flüssige Butter langsam zugießen und dabei weiterrühren, bis die Sauce dickflüssig ist. Zum Schluß Salz, Cayennepfeffer und die übrig behaltenen zerkleinerten Kräuter untermischen.
Fleisch in Scheiben schneiden. Mit Sauce béarnaise, Salz und Pfeffer aus der Mühle anrichten. Dazu: Neue Kartoffeln oder Baguette und Spargelsalat mit Zuckerschoten (Rezept Seite 154).

*E*stragon stammt aus Zentralasien und Nordamerika und hat wie kaum ein anderers Kraut sozusagen die Küchen gewechselt. Obwohl man Estragon in China schon vor etwa dreitausend Jahren kannte, verwendet man ihn dort nicht mehr. Und obwohl die Araber lange vor den Europäern ihre Speisen damit würzten, spielt er in unserer Küche eine weit größere Rolle als in orientalischen Speisen: Sauce béarnaise ist das klassische Beispiel dafür.

SCHOKOLADENEIS MIT ORANGENSAUCE

Für das Eis:
50 g Zucker
1 EL ungesüßtes Kakao-
pulver
2 Eier
abgeriebene Schale von
¼ unbehandelten Zitrone
¼ Liter süße Sahne
1 EL geraspelte Schokolade

Für die Sauce:
¼ Liter Milch
1 TL Speisestärke
1 TL gemahlene Vanille
1 EL Honig
Schale von ½ unbehandel-
ten Orange
2 EL Orangenlikör
50 ml süße Sahne

250 g tiefgekühlte Beeren
1 EL Zucker
Saft von ½ Orange

Für das Eis: Den Zucker mit dem Kakao mischen. Eier und Zitronenschale zugeben. Alles mit den Quirlen des Handrührgerätes oder dem Schneebesen zu einer dicken, schaumigen Creme rühren. Sahne steif schlagen und auf die Creme geben. Raspelschokolade darüberstreuen und alles vermischen. Creme zugedeckt im Gefrierfach des Kühlschranks oder im Tiefkühlgerät in etwa 4 Stunden fest werden lassen. Dabei etwa alle 45 Minuten kräftig durchrühren, damit sich keine großen Eiskristalle bilden. Eis etwa 30 Minuten vor dem Servieren herausnehmen, damit es geschmeidig wird.

Für die Sauce: Milch mit Speisestärke und Vanille in einem Kochtopf verrühren. Unter weiterem Rühren zu einer dickflüssigen Sauce aufkochen. Topf von der Kochstelle nehmen. Honig unter die Sauce rühren und erkalten lassen. Sauce mit abgeriebener Orangenschale und Likör vermischen. Sahne steif schlagen und unterziehen. Sauce zugedeckt kühlen.

Beeren mit Zucker und Orangensaft vermischen und zugedeckt auftauen lassen. Zum Servieren Teller mit der Sauce ausgießen. Beeren und Eis darauf anrichten.

*M*it selbstgemachtem Eis – es hält sich in einem verschlossenen Gefäß im Tiefkühlgerät bis zu drei Wochen – als Dessert kann nichts schiefgehen: Jeder mag es, Sie können es schon Tage vor dem Festessen zubereiten, und es gelingt Ihnen selbst dann, wenn sich Ihre Kochkünste eigentlich im Braten von Spiegeleiern erschöpfen. Sollte Ihnen die Sauce zu viel Arbeit machen, nehmen Sie eine fertige Dessertsauce aus dem Glas, die es in jedem Supermarkt zu kaufen gibt.

ROTE GRÜTZE MIT VANILLESAUCE

Für die Grütze:
300 g gemischte tief-
gekühlte Beeren
300 g tiefgekühlte
Himbeeren
1 Glas entsteinte Sauer-
kirschen (Füllmenge etwa
680 g)
2 EL Zucker
1 Stück Schale von einer
unbehandelten Zitrone
1 Messerspitze Zimtpulver
30 g Speisestärke

Für die Vanillesauce:
½ Liter Milch
1 EL Speisestärke
1 Prise Salz
1 TL gemahlene Vanille
1 TL abgeriebene Schale
von 1 unbehandelten
Zitrone
100 ml süße Sahne

Für die Grütze: Gefrorene Beeren, Sauerkirschen mit dem Saft, Zucker, Zitronenschale und Zimt in einen Topf geben. 3 Eßlöffel Obstsaft abnehmen und die Speisestärke damit glattrühren. Obst aufkochen. Speisestärke unter Rühren zugeben und aufkochen, bis die Grütze dick wird. Zitronenschale entfernen. Grütze in Dessertschalen füllen und vor dem Servieren mindestens 6 Stunden kühlen.

Für die Sauce: 3 Eßlöffel Milch mit der Speisestärke glattrühren. Restliche Milch mit Salz, Vanille und Zitronenschale aufkochen. Speisestärke unter Rühren zugeben und aufkochen, bis die Sauce dickflüssig ist. Topf in eine Schüssel mit kaltem Wasser und einigen Eiswürfeln stellen. Sauce unter Rühren erkalten lassen. Sahne halb steif schlagen und unterziehen. Sauce wie die Grütze kühlen.

Gemahlene Vanille gibt es in Reformhäusern zu kaufen. Sie wird aus Vanilleschoten hergestellt und schmeckt deshalb ebenso aromatisch wie die Schoten, läßt sich aber viel einfacher dosieren. Mit echter Vanille würzt man auch richtigen Vanillezucker: Sie erkennen ihn an den schwarzen Pünktchen – im Gegensatz zum rein weißen, künstlich aromatisierten Vanillinzucker.

QUARKCREME MIT SAUERKIRSCHEN

*N*ach einem üppigen Festessen schmeckt dieses leichte
Dessert, das an „Westfälische"
oder auch „Pommersche Götterspeise" erinnert. In der klassischen Küche ist eine Götterspeise
nämlich kein bunter Wackel-
pudding, sondern eine delikate
Mischung aus Quark, Sahne,
Kirschen oder Preiselbeeren und
Schokolade. Den Pumpernickel
im Original ersetze ich durch
Kekse. Denn besonders die Man-
delmakronen machen die Creme
schön locker und geben ihr ein
likörähnliches Aroma. Wer keine
Eier essen mag, nimmt statt dessen etwas mehr Sahne.

Für 8 bis 10 Personen

2 Eier
¼ Liter süße Sahne
500 g Magerquark
50 g Zucker
Saft und abgeriebene
Schale von ½ unbehandel-
ten Zitrone
2 Gläser entsteinte Sauerkirschen (Füllmenge je
etwa 680 g)
75 g Cashewnußkerne
50 g Löffelbiskuits
50 g italienische Mandel-
makronen (Amaretti)
2–3 EL geraspelte
Schokolade

Eier trennen. Zuerst die Eiweiße,
dann die Sahne steif schlagen.
Quark mit Eigelben, Zucker,
Zitronensaft und Zitronenschale
verrühren. Eischnee und Sahne
unterziehen. Sauerkirschen
abtropfen lassen. Nüsse hacken.
Löffelbiskuits und Makronen grob
zerbröseln.
Quarkcreme, Sauerkirschen,
Nüsse und Gebäckbrösel schicht-
weise in eine Schüssel geben und
mit der Raspelschokolade
bestreuen. Zugedeckt im Kühlschrank mindestens 5 Stunden
ziehen lassen.

OSTERTORTE

Für eine Springform von 26 cm Durchmesser

Für den Mürbeteig:
100 g Mehl
60 g Zucker
50 g weiche Butter
1–2 EL kaltes Wasser

Für den Biskuitteig:
4 Eier
3 EL kaltes Wasser
75 g Zucker
abgeriebene Schale von
½ unbehandelten Zitrone
60 g Mehl
60 g Speisestärke
½ TL Backpulver

Für die Form: Fett und Pergamentpapier

Für die Füllung:
400 ml Milch
1 Päckchen Sahnepuddingpulver
½ TL gemahlene Vanille
1 reife Banane
2 EL Orangensaft
50 g Zucker
100 g Magerjoghurt
1 Baisertörtchen
1 EL Raspelschokolade
½ Liter süße Sahne
2 EL Johannisbeergelee

Zum Garnieren:
50 g gehackte, ungesalzene Pistazienkerne
8 Zucker- oder Schokoladeneier
8 Schokoladenosterhasen

Für den Mürbeteig: Mehl, Zucker, Butter und Wasser zu einem glatten Teig verkneten. Teig zwischen zwei Blättern Haushaltsfolie zu einer Platte ausrollen und in der Größe der Springform rund zuschneiden. Teigboden kühlen, bis der Biskuit fertig ist.
Für den Biskuitteig: Eier trennen. Eiweiß und Wasser mit den Quirlen des Handrührgerätes halb steif schlagen. Zucker langsam zugeben, weiter schlagen, bis er steif und cremig ist. Eigelbe und abgeriebene Zitronenschale unterrühren, bis die Creme gleichmäßig gelb ist. Mehl mit Speisestärke und Backpulver vermischen, auf die Eiermasse sieben und unterrühren. Boden der Springform fetten und mit rund zugeschnittenem Pergamentpapier auslegen. Biskuitteig darin glattstreichen. Form in den kalten Backofen (untere Schiene) stellen. Tortenboden bei 180 °C (Umluft 160 °C, Gas Stufe 3) etwa 40 Minuten backen. Tortenboden auf einem Kuchengitter erkalten lassen.
Mürbeteigplatte aus der Folie nehmen, auf den Springformboden legen und im heißen Backofen (mittlere Schiene) bei 200 °C (Umluft 180 °C, Gas Stufe 4) etwa 20 Minuten backen, bis er hellbraun ist. Herausnehmen und abkühlen lassen.
Für die Füllung: Milch mit Puddingpulver und Vanille nach Packungsaufschrift kochen und unter häufigem Umrühren erkalten lassen. Pudding in zwei Portionen teilen. Die erste Portion mit der fein zerdrückten Banane, dem Orangensaft, 1 Eßlöffel Zucker und 2 Eßlöffeln Joghurt verrühren. Die zweite Portion mit dem restlichen Joghurt, dem zerkrümelten Baisertörtchen und der Raspelschokolade vermischen. Die Sahne mit dem Rest des Zuckers steif schlagen. Je 2 Eßlöffel davon unter die Bananencreme und die Schokoladencreme ziehen, den Rest zum Bestreichen der Torte beiseite stellen.
Den Mürbeteigboden auf eine Tortenplatte legen und mit dem Johannisbeergelee bestreichen. Den Biskuitboden zweimal waagerecht durchschneiden. Den unteren Boden auf den Mürbeteig legen und mit der Bananencreme bestreichen. Den zweiten Boden darauflegen und mit der Schokoladencreme bestreichen. Den dritten Boden darauflegen. Die Torte mit der restlichen Sahne überziehen und mit den Pistazien bestreuen. Die Tortenstücke markieren und garnieren.

Apfelkuchen mit Streuseln

Für eine Springform von
26 cm Durchmesser

Für den Teig:
150 g Mehl
50 g Zucker
1/4 TL unbehandelte
Zitronenschale
1 Prise Salz
1 1/2 EL kaltes Wasser
75 g weiche Butter

Für die Füllung:
800 g säuerliche Äpfel
75 g Zucker
Saft von 1/2 Zitrone
1 Stück unbehandelte
Zitronenschale
1 TL Zimtpulver
1 Messerspitze gemahlene
Nelken
einige Tropfen Rumaroma
100 g Mandelstifte
100 g Rosinen

Für die Streusel:
100 g Mehl
75 g Zucker
1/2 TL Zimtpulver
1/2 TL gemahlene Vanille
oder ausgekratztes Mark
von 1/2 Vanilleschote
50–70 g Butter

Für den Teig: Mehl, Zucker, abgeriebene Zitronenschale, Salz, Wasser und Butter zu einem glatten Mürbeteig verkneten. Eine Springform (Durchmesser 26 cm) damit auskleiden und einen etwa 3 cm hohen Rand formen. Teigboden mit einer Gabel mehrmals einstechen und kühl stellen, bis Füllung und Streusel vorbereitet sind.

Für die Füllung: Äpfel vierteln, schälen und vom Kerngehäuse befreien. Mit Zucker, Zitronensaft, Zitronenschale, Zimt, Nelken und Rumaroma in einem Topf aufkochen und zugedeckt 5 Minuten dünsten. Mandeln und Rosinen untermischen. Füllung abkühlen lassen.

Für die Streusel: Mehl, Zucker, Zimt und Vanille in einer Schüssel mischen. Butter zerlassen, aber nicht bräunen. Zur Mehlmischung gießen und verkneten, bis sich Streusel bilden.

Form in den kalten Backofen (mittlere Schiene) stellen. Teigboden bei 180 °C (Umluft 160 °C, Gas Stufe 3) 10 Minuten vorbacken. Zuerst die Äpfel, dann die Streusel auf dem Teigboden verteilen. Kuchen in etwa 35 Minuten fertig backen. Fertigen Kuchen herausnehmen, etwa 20 Minuten in der Form stehen lassen, herauslösen und auf einem Kuchengitter abkühlen lassen.

Wenn Sie den Kuchen zum Brunch oder zum Nachmittagskaffee ofenfrisch essen wollen, machen Sie es so: Am Vortag Teig kneten, in die Form drücken und in den Kühlschrank stellen. Füllung und Streusel ebenfalls zubereiten und kühlen. Am Festtag brauchen Sie etwa 1 1/2 Stunden Zeit, um den Kuchen zu backen und so lange in der Form ruhen zu lassen, bis er sich gut herauslösen läßt.

DIE REZEPTE NACH GRUPPEN

Soweit in den Rezepten nichts anderes vermerkt ist, sind die Zutaten für vier Personen berechnet.

DIE REZEPTE ALPHABETISCH

MENÜVORSCHLÄGE

Das gemütliche Osterfrühstück

Für 6 Personen

Osterfladen	132
Brotaufstriche für den Brunch	142
Marinierter Fisch	100
Eiersalat	150
Schinken	
Butter	
Konfitüre	
Verschiedene Brötchen	

Der einfache Brunch

Für 8 Personen

Marinierter Fisch	100
Rindfleischsalat mit Bohnen	152
Spiegeleier (doppelte Menge)	144
Gemüsekuchen	162
Quarkcreme mit Sauer-	
kirschen	180
Apfelkuchen mit Streuseln	184

Der große Brunch

Für 12 Personen

Walnußbrötchen mit Beeren-	
marmelade	140
Graved Lachs mit Senfsauce	146
Italienische Ostertorte	124
Champignons griechische	
Art	148
Griechische Ostersuppe	122
Roastbeef	174
(Sauce béarnaise	
durch Sahnemeerrettich oder	
Remoulade ersetzen)	
Pas'cha	136

Das kleine Menü

Für 4 Personen

Rucolasalat mit Speck	156
Markklößchensuppe	160
Estragon-Huhn mit Pilzen	170
Baguette oder neue Kartoffeln	
Schokoladeneis mit Orangen-	
sauce	176

Das große exquisite Menü

Für 8 Personen

Spargelsalat mit Zucker-	
schoten	154
Feine Fischsuppe mit Safran	158
(Menge eventuell verdoppeln)	
Nudeln mit Spinat und	
Käsesauce	164
Entenbrust in Portweinsauce	168
Kartoffelgratin mit Zucchini	166
Rote Grütze mit Vanillesauce	178
oder Ostertorte	182

BILDQUELLEN
IMPRESSUM

Acaluso: 6; 12; 43 (Blumenberg)
Agenzia Maria Pia Stradella: Fausto Giaccone 32; Ghio Roli 10, 24, 25, 100
Artothek: Joachim Blauel 19; Giraudon 8; Jochen Remmer 15
Bildarchiv Preußischer Kulturbesitz: 16 (Alfredo Dagli Orti); 17
Bilderberg: Klaus D. Francke 30, 36, 37, 38/39, 40, 41;
Milan Horacek 28; Wolfgang Kunz 29, 144; Dorothea Schmid 13
Focus: Nikolai Ignatiev/Network 31; Stephane Korb/Magnum 55, 56;
Fred Mayer/Magnum 20, 21; Walter Mayr 7, 13
Gruner und Jahr Fotoservice: Caspersen 166; C. D. Geissler 47 o.;
Heye 57, 178; Krüger 60; Nüttgens 44, 45, 47 u., 48 u., 51 (beide), 52, 53; Rogers 5; H. Thanhäuser 142
Erhard Hehl: 49
IFA: Hofmann 42; B. Koch 80; Digul 92
Guido Immler: 34, 35
Kölner Ostereierbörse 1992/Otto Krämer 54, 58
Kurt Lorz: 22
Grazia Neri: Team Editorial 33
Gregor Maria Schmid: 26/27, 154
Sigloch Bildarchiv/Hans Joachim Döbbelin: 2, 46, 48 o., 61, 62/63, 70, 84, 96/97, 118, 120/121, 124, 128, 130, 138/139, 160, 164
und alle ungeraden Seitenzahlen 65 bis 185
Studio Eising: 59

© Sigloch Edition, Zeppelinstraße 35a, D-74653 Künzelsau
Nachdruck verboten. Alle Rechte vorbehalten. Printed in Germany
Reproduktion: Otterbach Repro, Rastatt
Druck: Druckerei Eberl, Immenstadt
Papier: 135 g/m² BVS glänzend der Papierfabrik Scheufelen, Lenningen
Bindearbeiten: Sigloch Buchbinderei, Künzelsau
ISBN 3-89393-102-3